ESCUELA UNIVERSITARIA DE TRADUCTORES E INTÉRPRETES
UNIVERSIDAD AUTÓNOMA DE BARCELONA

TRADUCCIONES Y TRADUCTORES EN LA PENÍNSULA IBÉRICA (1400-1550)

PETER RUSSELL

Bellaterra, 1985

1001134687

EDITADO E IMPRESO POR EL SERVICIO DE PUBLICACIONES DE LA UNIVERSIDAD AUTÓNOMA DE BARCELONA
ISBN: 84-7488-102-1
Depósito Legal: B-33.895-1984 - Printed in Spain

I

En 1546 —nos lo recordaba en cierta ocasión el profesor Cecil Grayson— el erudito italiano Pietro Lauro pudo aludir sin reticencias a la «sutil y loable empresa de traducir»[1]. El propio Lauro, que escribió estas palabras con ocasión de presentar al público su traducción del *De re aedificatoria* de León Battista Alberti, reconoció que poco antes, según él pretendía, hubo en Italia quienes condenaban sin reservas toda traducción del latín a la lengua vernácula. Aún quedaban —insistía— partidarios de tal postura, pero a juicio de Lauro constituían un grupo ya sin importancia. La labor de traducir, especialmente cuando se trataba del latín, constituía, al menos en principio, algo perfectamente posible, meritorio y necesario. Me interesa destacar la fecha de las observaciones del autor italiano porque coincide *grosso modo* con el momento en que los traductores hispánicos, a su vez, se despojan por fin de su tradicional actitud apologética hacia sus propias traducciones; insisten ahora, en cambio, en que la lengua romance es un instrumento eficaz para hacer accesible a los profanos las grandes obras latinas, italianas, francesas o de cualquier otra lengua. Quiero ceñirme, sin embargo, en el presente estudio, al período inmediatamente anterior al siglo XVI. Muchos de los traductores que a él pertenecen juzgaron imprescindible explicar al lector en dedicatorias y prólogos que, debido a las serias deficiencias del vulgar romance, resultaba imposible en mayor o menor grado traducir de forma adecuada un texto latino al castellano. Reside en este punto una aparente paradoja que necesita explicación. En efecto, al propio tiempo que los traductores insisten en la imposibilidad de traducir de forma

---

[1] Cecil GRAYSON, *A Renaissance Controversy, Latin or Italian*, Oxford, 1960, pág. 25.

adecuada, se suceden las traducciones de modo incesante, tanto en Castilla como en la Corona de Aragón.

El atento análisis de las traducciones hispánicas del Cuatrocientos puede contribuir de modo eficaz a la solución del problema, muy debatido aún, de hasta qué punto las ideas y preocupaciones del humanismo italiano (tomado el término en el sentido estricto) consiguieron influir decisivamente en los escritores de aquel siglo en la Península. No me han movido exclusivamente, sin embargo, a abordar el presente tema razones de la historia de la cultura. En efecto, como resulta obvio, buen exponente de la renovación de la Lingüística en las últimas décadas lo constituye el hecho de que, por primera vez en nuestros días, empezamos a tomar conciencia de la extraordinaria complejidad de los problemas que plantea el simple intento de traducir de una lengua a otra aun en condiciones óptimas; aunque no dejan de insistir en lo ardua que la tarea resulta, nuestros traductores del Cuatrocientos revelan escaso conocimiento de las causas profundas que tal complejidad supone. Así, por lo que a la teoría de la traducción respecta, solían limitarse, con alguna que otra notable excepción, a repetir o a reelaborar los criterios tradicionales sobre el tema. Estos criterios, formulados como luego veremos en fuentes clásicas o patrísticas, habían sido concebidos para un contexto lingüístico y cultural distinto de aquel que tenían que afrontar quienes intentaban verter un texto latino a una lengua romance. Observo con sorpresa que, cuando hoy día se suscitan discusiones lingüísticas en torno a las traducciones realizadas a partir del siglo XIII en Europa, suele preterirse la perspectiva hispánica (o, más bien, peninsular) del tema. La causa resulta obvia: apenas se ha encetado el tema en el marco de la Península Ibérica. Hace ya más de veinte años que uno de los pocos eruditos que abordó este asunto, enfocándolo como un fenómeno independiente, escribía: «es tan fértil el siglo XV en materiales para la historia de la traducción, que podría investigarse mucho más de lo que se ha hecho hasta ahora»[2]. Pues bien, esta implícita invitación a los estudiosos del

---

[2] Margherita MORREALE, «Apuntes para la historia de la traducción en la Edad Media», *Revista de Literatura*, XV (1959), pág. 4. Dicho artículo constituye el más importante estudio existente sobre el tema. Véase también de la misma autora *Castiglione y Boscán: el ideal cortesano en el renacimiento español*, I: BRAE, anejo I, Madrid, 1959, especialmente págs. 15-22 y 33-35, donde igualmente son citados y comentados varios prólogos de traductores hispánicos del siglo XV. El reciente estudio de J.-M. Lespéras, «La Traduction et ses théories en Espagne au XVe et XVIe siècles» *RLR*, LXXXIV (1980), págs. 81-92, no añade nuevos materiales de importancia al respecto. Para Séneca, véase en particular Nicholas G. ROUND, «Las traducciones medievales catalanas y castellanas de las tragedias de Séneca», *AEM*, IX (1974-1979), págs. 187-227.

período no ha sido recogida todavía, excepción hecha de las aportaciones de la misma autora. Desearía yo que el presente trabajo, por muy perentorio que parezca, esclareciera algo más la vertiente peninsular del tema a cuantos se dedican a discutir los avatares de la traducción en los citados siglos, sin ceñirse exclusivamente a determinadas lenguas o países. Debo insistir, sin embargo, en el carácter provisional de este trabajo. Para obtener conclusiones definitivas, sería necesario el cotejo escrupuloso de un crecido número de traducciones con sus originales, análogo al realizado por la citada Margherita Morreale con respecto a la conocida versión del *Cortesano* de Baltasar Castiglione hecha por Juan Boscán en el siglo XVI. No pretendo haber realizado semejante cotejo salvo en muy contadas ocasiones. A falta de ello, hube de apoyarme con frecuencia en las observaciones de los propios traductores. Ahora bien, tales observaciones, aunque no exentas de importante valor aclaratorio, no presentan todas las implicaciones del tema e incluso, debido al carácter retórico con que se consideraba casi imprescindible equipar un prólogo o una dedicatoria cuatrocentista, pueden despistar seriamente al investigador.

II

Contra lo que opina Lauro, no puede negarse que los traductores, tanto en la época renacentista como en tiempos más recientes, fueron en ocasiones duramente criticados, bien por la incuria e incompetencia en casos concretos, bien por el hecho de que toda traducción —como advirtió Cervantes— está predestinada a quedar por debajo del original. Pero a los traductores catalanes, valencianos, castellanos y portugueses, a los que aludo en el presente estudio, les cupieron en suerte tiempos más afortunados; según todos los indicios y al igual que los traductores franceses —antecesores o coetáneos suyos— no se vieron en la precisión de escudarse contra el desprecio hostil originado por el prejuicio de que traducir era una actividad intelectual menor, indigna, por consiguiente, de un hombre cultivado y erudito. En una sociedad jerárquica como aquélla —al igual que ocurría en Francia— bastaba el hecho de que reyes y príncipes demandaran traducciones para que éstas quedaran *ipso facto* consagradas y fueran acalladas cualesquiera reticencias que pudieran surgir. Laurent de Premierfait, traductor al francés del *De Amicitia* de Cicerón a comienzos del siglo XV, cree, aún más, que el afirmar que una traducción humilla y disminuye «la magesté et la gravité des paroles et sentences» del original resulta un juicio insostenible. Si resulta posible amén de aceptable el traducir la Biblia del latín al francés, ¿cómo podría negarse el derecho de traducir a Cicerón? Aunque —como hemos indicado anteriormente— nuestros traductores confiesan muy a menudo en sus prólogos y dedicatorias no sentirse a la altura de las exigencias de su oficio, no deben tomarse sus palabras al pie de la letra. Declaraciones de esta índole aparecen ya en obras de traductores franceses desde finales del siglo XIII y constituyen tópicos manidos, modalidades de la *captatio benevolentiae*, socorrido recurso de uso obligado para todo autor con ocasión de presentarse en público. Con una actitud de aparente humildad y recelo, que sus mismas palabras revelan, los traductores del siglo XV encubren su conciencia de benefactores públicos: no en vano llevaban a cabo una empresa útil y necesaria. En ocasiones afirman gratuitamente que no han traducido bien; pero siempre se hallan dispuestos a sugerir que el tener acceso a la obra de un autor clásico por medio de una traducción —por defectuosa que fuere— es preferible a verse privado en absoluto de él. Esta misma opinión, que como es sabido no dudó en suscribir en cierta ocasión el Marqués de Santillana, distancia a los traductores hispanos de las ideas que sobre el mismo tema profesaban los humanistas italianos.

Nuestros traductores peninsulares, sin embargo, no sólo cifraron su empeño en traducir exclusivamente a los autores clásicos. Su público demandaba también versiones en romance de las *autoritates* que habían compuesto sus obras en latín medieval. Adviértase al respecto que pocas veces dejan entrever el reconocimiento de cualquier diferencia entre el latín clásico y el latín medieval. Este hecho los diferencia nuevamente de los traductores italianos y ha de atribuirse a que —según testimonio de Nebrija y otros humanistas— la norma del latín medieval estuvo vigente durante la mayor parte de este siglo. Y no solamente se traducía del latín. Seguía haciéndose abundantemente del francés, fenómeno al que no suele dispensarse la atención que merece, aunque en ocasiones era de mucha transcendencia (piénsese, por ejemplo, en la penetración en la Península de la literatura francesa de caballerías). Se realizó incluso alguna que otra versión castellana de obras de la literatura inglesa, a juzgar por la supervivencia de un manuscrito de la *Confessio amantis* de Juan Gower, retraducida de una versión portuguesa hoy perdida. Durante el siglo XV aumentó también el número de las traducciones del italiano. Estas versiones de un original italiano pueden a veces calificarse de «solapadas», puesto que se trata de versiones italianas de obras clásicas de las que se servían ampliamente los traductores peninsulares para facilitar la preparación de sus propias versiones del latín.

Un hecho que llama poderosamente la atención es el gran número de traducciones que podemos denominar «intrapeninsulares». Se trata, en efecto, de versiones vernáculas de textos latinos, franceses o italianos que se vertían de un idioma peninsular a otro. Se podría suponer, por ejemplo, que no era necesario traducir al castellano un texto como la muy leída versión compendiada de la *Ética* de Aristóteles, cuando ya existía no sólo en catalán, sino también en aragonés, pero no fue así. Como nos dice el *incipit* de la versión de Paulo Orosio en castellano (1439), «tresladar del dicho lenguaje aragonés en castellano» era un concepto corriente (Schiff, *ob. cit.*, pág. 167). La corte portuguesa, en donde era notorio un sustancial grado de bilingüismo en el siglo XV, propendía también a insistir a veces en poseer traducciones al portugués de textos clásicos latinos, a pesar de que éstos fuesen ya asequibles en castellano. Indudablemente, el nacionalismo tenía mucho que ver con este fenómeno: Antoni Canals, que tradujo a Valerio Máximo al valenciano a petición del obispo de Valencia, elogia a éste por haber querido ver a Valerio «en nostra vulgada lengua materna valenciana», no contentándose con el hecho de que ya existía una versión en catalán.[3] No creo, sin embargo, que el nacionalismo fuese la única explicación de esta multiplicidad de traducciones procedentes de un mismo texto original. Para el caso de Italia, por ejemplo, nos recuerda Paul Kristeller que los que escribían en toscano protestaban a veces contra la dificultad que les ofrecía la lectura de textos escritos en otros dialectos italianos. Algo semejante debió de ocurrir en la Península. Ha de tenerse en cuenta que muchas de estas traducciones iban dirigidas a lectores profanos; a éstos, privados de diccionarios, glosarios, gramáticas y otros instrumentos lingüísticos que facilitasen el acercamiento al texto en cuestión (normalmente desprovistos también de la posibilidad de resolver sus problemas acudiendo al conocimiento de los orígenes latinos del romance), una obra escrita en un idioma peninsular distinto del suyo resultaba tan inaccesible casi como una obra escrita en italiano o en francés.

[3] La carta de Antoni Canals, traducida más tarde del valenciano al castellano, se halla íntegra en BN, Madrid, Ms. 9132, fols. 1-2. Véase también Paz y Melia, «Biblioteca fundada por el conde de Haro», *RABM*, 3.ª época, VI (1902), págs. 203-205; se reproduce parcialmente en Mario SCHIFF, *La Bibliothèque du Marquis de Santillane*, París, 1904; reimpreso en Amsterdam, 1970, págs. 133-134.

Antes de proceder a examinar con detalle los problemas que nos interesan, valdría la pena llamar la atención sobre otros dos aspectos de interés general que debemos tener en cuenta. El primero de ellos consiste en la total ausencia (al menos en las traducciones que he examinado de cerca) de cualquier indicio de sensibilidad o preocupación en los traductores hacia la situación textual de los manuscritos que utilizaban, rasgo característico del humanismo italiano. Comentarios de esta índole son rarísimos, por no decir inexistentes, en la Península. En general, nuestros traductores parecen aceptar sin más cualquier texto a mano del original que intentan traducir. Un coleccionista de libros como el Marqués de Santillana confiaba, sin duda, en que sus libreros italianos tomaban las oportunas diligencias para enviarle manuscritos fidedignos para sus propios traductores. Hasta qué punto esto era así, sin embargo, es una cuestión que ha de investigarse todavía. En ocasiones, la historia textual previa de una obra clásica podía ser muy intrincada y el texto resultaba de menos autoridad que la que suponía el mecenas que lo había adquirido. Así, por ejemplo, las *Epistolae* de Séneca se tradujeron a ruego de Fernán Pérez de Guzmán de una versión italiana que él creía vertida recientemente a esa lengua del latín. Muy otra era la realidad: el texto de Séneca fue traducido originariamente del latín al francés a comienzos del siglo XIV para el camarlengo de Carlos II de Anjou, rey de Sicilia. El traductor era italiano. Poco después, la traducción francesa fue vertida al italiano y de esta misma versión, ya muy manoseada, las *Epistolae* fueron traducidas, finalmente, al castellano en el siglo XV.

Para terminar esta sección introductoria, quiero llamar la atención sobre un hecho digno de mayor atención que la que usualmente le dispensan los estudiosos modernos de la literatura de la Edad Media. Los traductores medievales no parecen compartir en modo alguno la suposición moderna de que preparar una traducción es, por definición, dedicarse a un tipo de trabajo forzosamente inferior al de escribir una obra original. No recuerdo haber encontrado dato alguno en que pueda apoyarse idea semejante; hay, por el contrario, muchos otros que sugieren lo contrario. Dudo, así, que a cualquier estudioso u hombre de letras del siglo XV se le hubiera ocurrido pensar que el haber escrito una obra original en castellano como el *Corbacho*, del Arcipreste de Talavera, fuera una empresa en forma alguna comparable con la de aquél o aquellos que realizaron una tosca versión de Homero en prosa asequible en castellano, o con la de quien puso a disposición de lectores hispánicos, desconocedores del griego o del latín, la oportunidad de contactar directamente en su lengua nativa con el pensamiento de una *auctoritas* tan augusta como Aristóteles.

III

Como indicamos arriba, el lugar que reservan los traductores para tratar normalmente de los problemas específicos de su oficio es, como cabía esperar, los prólogos y dedicatorias de sus versiones. No suelen, sin embargo, detenerse demasiado en ello, salvo escasas y notables excepciones. La discusión propende a repetir los consabidos tópicos tradicionales sobre el tema, con exclusión muy frecuente de cualquier observación en que el traductor comente de modo independiente y personal su propia experiencia de los problemas de la traducción. La importante y extensa contribución teórica que se debe a la pluma de el Tostado (Alfonso de Madrigal) constituye un caso único en la Península. Sin embargo, a pesar de la tendencia a reducir las observaciones a fórmulas bastante estereotipadas, el acostumbrado comentario o apología preliminar de rigor en tales casos puede de vez en cuando, y sin salirse de las pautas de la tradición, amplificarse hasta dar en algo próximo a una discusión fundada, parcialmente al menos, en una de las propias experiencias del traductor. Buen ejemplo de ello lo constituye el *prolech* que el traductor mallorquín Ferrán Valentí escribió al comienzo de su traducción catalana de los *Paradoxa* de Cicerón, en torno a 1450[4]. Como muchos de estos prólogos son accesibles en la valiosa contribución de Mario Schiff o en ediciones particulares más recientes, me limitaré a recordar aquí sus principales características simplemente para establecer una base que nos aproxime a la discusión del tema.

Podemos empezar por Cataluña, donde merced a los intereses culturales de los príncipes de la Casa de Barcelona, prosperó desde el siglo XIV una corriente de traducciones con el fin de hacer disponibles en lengua vernácula las *auctoritates* latinas. Así, Jaume

---

[4] Ferran VALENTÍ, *Traducció de les «Paradoxa» de Ciceró...*, text, introducció i glossari de Josep M.ª Morató i Thomàs, Barcelona, 1959. Para el *prolech* véase págs. 35-38; parte del mismo se halla reproducido, en forma de grabado, en M. de RIQUER, *Història de la literatura catalana*, II, Barcelona, 1965, pág. 465. Valentí era partidario entusiasta de la traducción de textos latinos a las lenguas vernáculas («*en lengua o parlar intelligible*»), tarea emprendida, según él, por «*los moderns i modernissims, posant y transferint moltres libres e obres d'una lengua en altra, que per raó poguessen a moltes valer e aprofitar*». Es evidente, pues, que este antiguo discípulo de Leonardo Bruni en Italia no había aprendido de su maestro humanista doctrinas que le indujesen a menospreciar la obra del traductor; al contrario, la considera trabajo de moda. No se ha de confundir la versión de Valentí de los *Paradoxa* (Biblioteca de Catalunya, Ms. 1029) con otra traducción, probablemente anterior, de la misma obra, aún inédita, que se encuentra también en dicha biblioteca (Ms. 290). La traducción castellana de los *Paradoxa* parece haber sido hecha basándose en este último texto.

Conesa, protonotario de Pedro IV de Aragón (Pere III), tradujo al catalán en 1367, por encargo del rey, la *Historia destructionis Troiae*, obra compuesta por Guido delle Colonne hacia finales del siglo XIII. Al igual que muchos otros traductores peninsulares posteriores a él, Conesa fingía aceptar el encargo no de muy buen grado; decía que resultaba imposible reproducir en romance la «subtilitat» del latín original de Guido. Creía que cualquier lector que fuera capaz de comparar su versión con el texto original, comprobaría por sí mismo que aquella era como un trozo de plomo al lado de una obra labrada en oro fino. Añadía finalmente:

> Si algunes paraules seran trasportades, o que parega que no sien conformes de tot en tot al latí, no sia imputat a oltracuidament de mi, mas que cascú entena que aquell transportament o mudament és per donar entendre planament e grossera los latins, qui sont molt subtils[5].

Los traductores catalanes propenden a utilizar el término «subtil» para referirse a aquella especie de cualidad total del latín (en el presente caso, claro está, del latín medieval) que tanto echaban de menos en la lengua vernácula. Así, otro catalán, Ferrer Sayol, en su traducción poco más tardía del *De re rustica* de Palladio asegura, a su vez, que cualquier traductor de este texto latino se verá desconcertado por la «gran subtilitat e brevidat de vocables, que no són en ús entre nosaltres en Catalunya, ne encara en Espanya». En Castilla, en cambio, los traductores se sirven de otros términos y frases para referirse a la diferencia entre el latín y su lengua vernácula. Así, a mediados del siglo XV, la misma *Historia troyana* de Guido delle Colonne fue traducida al castellano directamente del latín para el conde de Benavente. El traductor castellano, Pedro de Chinchilla, justificó su versión de 1443 mediante el hábil procedimiento de condenar las traducciones anteriores de la obra con elogios ambiguos; si no habían sido capaces de interpretar los «concebimientos mentales» que se encuentran en la historia latina tan adecuadamente como se podría desear, no era sobre ellos precisamente sobre quienes habría de recaer la culpa, sino sobre la insuficiencia de la lengua castellana, en la que «el dulce e buen orden de fablar, segunt que en la latina, fallar non se puede»[6]. La

---

[5] RIQUER, *ob. cit.*, II, pág. 348; y MIQUEL I PLANES, *Les històries troyanes... per En Jaume Conesa*, Barcelona, 1906, pág. 4.

[6] SCHIFF, *ob. cit.*, pág. 267. Pedro de Chinchilla, autor poco conocido, fue también autor original; su *Exortación o ynformación de buena e sana doctrina* fue acabada en Alcaraz en 1466 «en el mes quarto de el día que el solar curso estaua en los quince

afirmación de que el castellano carece de la «dulçura» del latín se encuentra a menudo en los comentarios de los traductores castellanos cuyas obras he examinado. Resulta difícil precisar con certeza lo que entendían por «dulçura». Debajo de este vocablo debe esconderse algo que va más allá de la mera armonía acústica o tonal, aunque tampoco debe infravalorarse la seducción que las cadencias del latín ejercían sobre quienes estaban dotados de la sensibilidad para apreciarlas. Es de suponer, sin embargo, que Pedro de Chinchilla pensaba también en las sutilezas lingüísticas y estilísticas de mayor alcance a que se referían los catalanes, así como, tal vez, en la plasticidad y variedad de la expresión que resulta posible en latín.

Mas, como se deduce de la frecuencia con que insisten sobre el tema, lo que más preocupaba a los traductores de toda la Península era lo que llamaban «la brevedad» del latín. Resulta típica la observación del erudito hijo del Marqués de Santillana, Pero González de Mendoza, al escribir a su padre acerca de la traducción de Homero que, a ruego del Marqués, había hecho sobre la versión en prosa latina de Pier Candido Decembrio. Lamentaba el hecho de que la «elocuencia como trompa resonante» del original griego había desaparecido ya completamente de la versión de Pier Candido, dejando únicamente a los lectores de ésta la posibilidad de tomar contacto con las «nobles invenciones» y las *sententiae* contenidas en la creación original. En cuanto a su propia traducción del latín al castellano —seguía diciendo— era difícil que ella proporcionara aún este proyecto restringido, ya que «nos non auemos tan compendiosos uocablos para que en pocas palabras pudiessemos comprehender grandes sentencias»[7]. Este lamento es constante en boca de los traductores peninsulares del Cuatrocientos. Pero no es exclusivo de ellos, sin embargo. Esta queja se había oído continuamente en las traducciones a la lengua vernácula hechas en Francia, o al francés, desde finales del siglo XIII en adelante, según señala, por ejemplo, Jean Rychner en su estudio de la traducción de Tito Livio realizada por Pierre Bersuire para Juan el Bueno[8]. Pero López de Ayala, primer traductor de Tito Livio al castellano, recurrió a la versión de

---

grados» (Biblioteca de Menéndez y Pelayo, Ms. 88 —antiguamente 16—, fols. 1r-35v). *La exortación*, dedicada al rey fantasma Alfonso, fue compuesta a instancias del conde de Benavente, Rodrigo Alfonso de Pimental, «mi señor». *La Carta sobre religión (loc. cit.*, fols. 35v-57r), del mismo autor, dedicada también a Rodrigo Alfonso, invita a éste para que lea esta obra didáctica «a lo menos como quien oye una nouella» (fol. 37r).

[7] Schiff, *ob. cit.*, pág. 5.

[8] Jean Rychner, «La Traduction de Tite- Live par P. Bersuire», *L'Humanisme médiévale dans les littératures romanes du XIIᵉ au XIVᵉ siècle*», París, 1964, págs. 167-92, passim. Sobre la misma, véase también el artículo de Charles Samaran en *HLF*, tomo XXXIX, París, 1962, especialmente págs. 358-414.

Bersuire para llevar a cabo la suya y, puesto que frecuentaba la corte francesa, es de suponer que sus propias ideas acerca de los problemas de la traducción estaban influidas directamente por las que circulaban en Francia. Desde los momentos más tempranos de las traducciones de los clásicos al francés, hay algunos traductores que reconocen, sin embargo, que el problema no se limitaba a cuestiones meramente léxicas, sino que entraba en juego el hecho de que la estructura del latín se diferenciaba por completo y en lo fundamental de la del francés. Ya hacia 1282, Juan de Antioquía llamó la atención sobre ello al traducir a Cicerón (*Rettorique de Marc Tulles Cyceron*). En efecto, en el epílogo observa el traductor: «ne les proprietez des paroles ne les raisons d'ordener les araisone-mez et les diz dou latin ne sont pas semblables a celes dou françois»[9]. Partiendo de esta observación, pasa luego a discutir los problemas de la traducción en general en términos que parecen revelar un contacto directo o indirecto con las ideas de San Jerónimo sobre el asunto.

En la Península Ibérica, sin embargo, más de un siglo después, la mayoría de los traductores suelen contentarse con sugerir al lector que, cuando intentan traducir del latín al romance, el problema más grave con que se encuentran es sencillamente el lexicográfico. Sucede, además, que las teorías contemporáneas sobre la naturaleza de la lengua en general tendían a favorecer semejante postura: según Roger Bacon y otros autores, la gramática constituía una estructura universal inherente a todos los idiomas —criterio este del que necesariamente se seguía la conclusión de que las diferencias observables entre ellos debían reducirse, en el fondo, a mera cuestión de vocabulario—. Supongo, además, que bien pudo influir sobre los traductores la idea de que, puesto que se dirigían la mayoría de las veces a lectores que no entendían el latín, o lo entendían poco, el hecho de insistir sobre todo en las dificultades que presentaba el vocabulario de los que escribieron en este idioma era llamar la atención sobre el problema que más fácilmente entenderían dichos lectores. Esto no quiere decir, sin embargo, que nuestros traductores hispánicos siempre se aproximasen al problema de modo tan superficial. He mencionado anteriormente algunos casos que representan un intento de abordar este tema con cierta profundidad. Otro ejemplo, bastante temprano por cierto, se halla en el prólogo de Pero López de Ayala a su obra *Flores de Job*, donde explica que había intentado en su traducción ser fiel al estilo

---

[9] Jacques MONFRIN, «Humanisme et traductions au moyen âge» (págs. 217-246 de *L'Humanisme médiévale...*).

de los antiguos filósofos y poetas, los cuales «guardaron en sus palabras y en sus dichos *la virtud de los vocablos y la significación dellos segunt la realidat*» (el subrayado es mío)[10]. Parece que Ayala hace aquí, aunque sólo sea de paso, un intento de acercarse a la cuestión del verdadero fin de la traducción a base de consideraciones lingüísticas de cierta profundidad, llamando la atención sobre el hecho de que, en el acto de traducir, entraban en juego cuestiones relativas a la misma naturaleza de la lengua en general. En la observación citada encontramos seguramente un eco de los debates en las universidades medievales sobre la naturaleza de la lengua, la palabra en sí y sobre cuál era la relación entre el nombre (*signum*) y la cosa significada (*res*). Aunque es difícil llegar a conclusiones definitivas, Ayala parece hacerse partidario aquí de la teoría prenominalista tradicional, según la cual el nombre, aparte de su aspecto físico, acústico, posee también una realidad absoluta intrínseca en relación con el objeto designado. En el mismo prólogo, Ayala nos ofrece inopinadamente una explicación de la dificultad de los idiomas de la Antigüedad: los antiguos —afirma— redactaban deliberadamente sus escritos en un lenguaje oscuro, presentándolos envueltos en palabras difíciles, con el fin de obligar al lector a leerlos muchas veces antes de penetrar en su contenido: este esfuerzo previo debía conducir al resultado de que los lectores recordaran mejor el contenido y de que, consiguientemente, lo valoraran más. Aunque la fuente de esta teoría se halla probablemente en el *De doctrina Christiana* de San Agustín, sin duda refleja muy bien, por

---

[10] Pero LÓPEZ DE AYALA, *Las flores de los «Morales de Job»*, a cura di Francesco Branciforti, Firenze, 1963, pág. 4. Este mismo prólogo llama también la atención sobre las principales características estructurales que diferenciaban el latín del habla romance: «(los romanos) guardaron syenpre este estilo de llevar la sentencia suspensa fasta el cabo, y de anteponer los casos del verbo, del qual han regimiento, los quales, segunt la arte de la gramática (es decir, el latín), en construyendo, deven ser pospuestos» (pág. 4). No conozco ningún otro traductor peninsular de la época que aluda a los problemas metafísicos del lenguaje. Aunque no resulta fácil decidirlo a base de estas sucintas observaciones, parece que Ayala sigue aquí la opinión tradicional de los «realistas» (Platón, San Agustín), según la cual la palabra por sí misma es manifestación real y concreta de la idea significada, y no la opinión nominalista que cree que la palabra sólo alcanza un significado al ser entendida por una mente humana. Según las teorías de los gramáticos conocidos como *modistae*, la mente confiere un significado a lo que no es más que un sonido vocal (*vox*), convirtiendo a éste en palabra (*dictio*). Véase R. H. ROBINS, *Ancient and Mediaeval Grammatical Theory in Europe*, London, 1951, págs. 76-89; también su *A Short History of Linguistics*, London, 1979², passim; y, finalmente, John LYONS, *Introduction to Theoretical Linguistics*, Cambridge, 1971, págs. 14-16. Para una exposición de las ideas de los escolásticos sobre la naturaleza y las funciones de la palabra, consúltese ahora *The Cambridge History of Later Medieval Philosophy*, Cambridge, 1982, capítulos 7, 11, 13, y *passim*.

otra parte, la experiencia de lector de textos latinos que era Ayala. No me ha sido posible averiguar si estas especulaciones lingüísticas del Canciller son el resultado de sus propias lecturas de obras latinas o si él, excelente conocedor de la literatura francesa y, por consiguiente, de las traducciones a esa lengua, las tomó de las ya divulgadas en la misma.

Los prólogos dan a entender también que los traductores peninsulares, aparte de los problemas de índole estrictamente lingüística, tenían otros que los desvelaban. Una diferencia notable de Italia con respecto a la Península (o a Francia) era que, en Italia, los traductores gozaban con frecuencia de una independencia social y económica de que carecían sus colegas franceses e hispanos. Muchas veces, por tanto, acometían la traducción por iniciativa propia, de suerte que no tenían que rendir cuentas de su trabajo a ningún mecenas; así, muchas traducciones del latín al italiano durante los siglos XIV y XV se presentan al público lector exentas de las dedicatorias y prólogos tan frecuentes en otros países. En la Península Ibérica, al igual que en Francia, en cambio, las traducciones eran por regla general encargadas específicamente por un príncipe o magnate. Esto podía plantear dilemas al traductor, al componer éste su dedicatoria. Jean de Meun, al dedicar a Felipe IV de Francia su traducción de Boecio (hacia 1286) creyó inocuo advertir que, aunque el rey desde luego entendía bien el latín, no se podía negar que Boecio en francés era más fácil de leer que en latín («mais toutevois est (de) moult plus legiers a entendre le françois que le latin»)[11]. Tal franqueza ya no era permisible cuando advino el momento del gran florecimiento de las traducciones peninsulares casi siglo y medio después. Cuanto más lograban los eruditos hispánicos que se aceptase la doctrina humanista según la cual un conocimiento del latín y de las letras latinas eran dotes deseables para cualquier miembro de la clase caballeresca, tanto más comprometido se volvía hacer comentarios sobre el hecho de que príncipes y caballeros seguían pidiendo traducciones de esa lengua. Alfonso de Cartagena se encontró con este problema de forma muy aguda cuando acabó su versión castellana del *De Providentia* de Séneca para Juan II de Castilla. Fue algo, en verdad, complejo y delicado, porque el mismo traductor había puesto el empeño en hacer circular, tanto en Italia como en la Península, la idea de que Don Juan era un rey auténticamente latinista. Pudo salir de este apuro en la dedicatoria de su traducción mediante el empleo de una

---

[11] Sobre esta traducción de Jean de Meun, véase también el artículo de Antoine Thomas y Mario Roques en *HLF*, tomo XXXVII, págs. 436-441.

explicación simulada: desde luego, comentó, el rey era totalmente capaz de leer a Séneca en latín («aues grant familiaridad en la lengua latina, e para vuestra conformación bastava leerlo como lo escriuió Séneca»)[12]. Pero este filósofo, nacido en España, debía ser considerado —aunque se anticipara en 1400 años— súbdito del rey de Castilla (siendo Castilla considerada como el legítimo reino heredero de la Hispania romana). ¡Era por tanto, enteramente natural que éste desease disponer de las palabras de tan famoso súbdito en la lengua en que él las habría escrito si hubiese vivido en el siglo xv! El argumento era muy poco o nada convincente, pero servía para obviar cualquier sospecha, por indirecta que fuese, de que el dominio del latín de Juan II no era tan cabal como venía insinuando.

Al Marqués de Santillana no le importaba admitir que no era buen latinista. A pesar de ello, sus traductores se andaban con tiento para no dar a entender que esto pudiera obedecer a algún tipo de debilidad intelectual. Lo imputaban, en cambio, a los «otros arduos negocios» que absorbían al Marqués. Pero ¿cómo enfocar el hecho de que también quisiera traducciones del francés, lengua que se suponía debía conocer bien? Antón Zorita, comisionado para traducir el *Arbre des batailles* de Honoré Bonet (o «Bouvet»), cubría las espaldas de su señor con no escaso tacto. El francés, afirmaba, era casi como la lengua materna del Marqués pero esto mismo no podía decirse de todos los miembros de su séquito: algunos de ellos no entendían en absoluto este idioma; otros sólo podían entenderlo «con mucho trabajo e dificultat»[13]. Esta última observación nos recuerda que las traducciones peninsulares del Cuatrocientos, como las francesas de la época anterior y como muchas de las italianas, no sólo se dirigían a lectores totalmente incapaces de leer el idioma original. También, como demuestra ampliamente el texto de la *Divina Commedia* bilingüe que preparó Villena para el mismo Marqués, a veces las traducciones se hacían por encargo de personas que sí dominaban hasta cierto punto el idioma original, pero que no confiaban en su capacidad de alcanzar todo el sentido de un autor latino, francés o italiano sin tener a mano una versión en su propio idioma vernáculo preparada por un conocedor de la lengua original en cuestión. Nada más erróneo, pues, que suponer que las traducciones eran solamente utilizadas por los lectores desprovistos por completo del conocimiento del idioma original. Supongo que no pocas de nuestras traducciones vieron primero la luz en forma de versiones que, como la de Villena, iban acompañadas del texto en

---

[12] Cito por una versión impresa, *Los V libros de Séneca*, Toledo, 1510, fol. xxxix *r*.
[13] Schiff, *ob. cit.*, pág. 377.

lengua original, suprimiéndose éste al copiarse la traducción para un público más amplio. El proceso de supresión puede estudiarse fácilmente en Francia, donde suelen sobrevivir en forma más numerosa que en la Península copias manuscritas de las obras traducidas.

IV

Ya señalé que cuando un traductor medieval habla rutinariamente de los problemas que plantea la traducción del latín, tiende casi siempre a emplear ideas y frases parecidas, en ocasiones casi idénticas, a las que utilizan otros traductores. Podemos hablar, así, de una serie de *topoi* referentes a la actividad de traducir a un idioma vernáculo. A decir verdad, nos hallamos frente a unos *topoi* que remontan los límites de la Edad Media hasta la Antigüedad clásica misma. Lo cierto es que, por lo menos hasta que el humanismo italiano logró plantear de forma distinta el problema, los traductores cuyas obras nos interesan, por lo general, seguían intentando discutir la traducción del latín a las lenguas románicas en los mismos términos formulados originariamente para discutir cómo traducir del griego al latín. Tal es el caso, por ejemplo, de Lucrecio cuando se lamenta de la dificutad de representar debidamente en latín los descubrimientos «obscuros» de los griegos; para que esto pueda hacerse —explica— se requiere la introducción en el lenguaje del Lacio de nuevos vocablos «debido a la pobreza de nuestra lengua y a la novedad de los temas» (*De rerum*, I, 136-139); esta observación halla eco frecuentemente en las palabras mismas de nuestros traductores. Tanto Lucrecio como Cicerón y otros traductores latinos hacen hincapié, además, en la extrema pobreza expresiva (*egestas*) del latín en relación con el griego. Incluso Quintiliano, que solía afirmar que el latín poseía cualidades lingüísticas capaces de parangonarse con las del griego en igualdad de condiciones, estaba de acuerdo en reconocer la inferior sutileza, precisión y gracia del primero con respecto a este último y en admitir que la traducción de los modelos griegos se volvía especialmente trabajosa debido sobre todo a las deficiencias nominales latinas y, por tanto, era necesario expresarlas recurriendo a metáforas o perífrasis (*Inst. orat.* XII,

18

x, 34), juicio que, como ya hemos visto, se repite constantemente por parte de los traductores peninsulares en el período que nos interesa. Desde luego no hay que suponer que el paralelismo se debe a que estos últimos tuviesen cualquier contacto directo con las observaciones de los mencionados autores romanos. Pero, como luego veremos, tampoco se trata de juicios formados independientemente por los traductores medievales. Puede añadirse que, como *topos*, «los problemas de la traducción» no sólo aparece en la Edad Media en obras de quienes traducían a los idiomas románicos o de una lengua románica a otra. Así incluso los traductores formados en el remoto mundo anglosajón en tiempos de Alfredo el Grande discutían en idénticos términos el engorroso problema de si era necesario afrontar un texto latino traduciéndolo literalmente palabra por palabra, o si era legítimo, en cambio, intentar dar su significado tan claro como se pudiera en anglosajón a costa de abandonar la fidelidad al sentido literal[14]. Por su parte, traductores ingleses de la Baja Edad Media como Lydgate, Juan de Trevisa y otros siguen, como sus contemporáneos románicos, discutiendo el mismo problema y comentando la imposibilidad de acomodar la complejidad del latín a la tosquedad lingüística del inglés[15].

Pero, a pesar de que hubo alguna que otra traducción directa del inglés a un idioma peninsular, para el asunto que especialmente nos interesa, tienen especial importancia los comentarios de los traductores del latín al francés. Dichas traducciones preceden por regla general la aparición de las versiones peninsulares de la misma obra y, con bastante frecuencia, sobre todo en el caso del catalán, éstas se derivan directamente de aquéllas. Se trata, además, de un idioma mejor conocido en la Península que el italiano al iniciarse la época de las traducciones hispánicas. Al cotejar lo que cuentan los traductores franceses con lo que más tarde dirán sobre el problema de la traducción sus émulos hispánicos, es fácil sospechar que fuese mediante la lectura de los comentarios de los franceses cómo estos últimos aprendieron a manipular el tema como un *topos*. Veamos, por ejemplo, lo que Jean de Meun, experimentado traductor del latín al francés, escribe en la dedicatoria de su versión de Boecio a Felipe el Hermoso en la década de 1280:

---

[14] Flora Ross Amos, *Early Theories of Translation*, New York, 1920, págs. 3-5.

[15] *Ibid.*, pág. 16. Juan de Trevisa, el traductor al inglés del *Polychronicon* de Ranulf Higden, a finales del siglo XIV, sigue el patrón ecléctico adoptado por los traductores franceses al declarar que a veces traducía palabra por palabra, mientras que otras alteraba el orden de éstas, y tambien en ocasiones se veía obligado a introducir una explicación del sentido de una palabra («*I must set a reason for a word and tell what it meaneth*»).

Et por ce que tu me deïs, le quel dit je tieng pour commande-
ment, que je preïse plainement la sentence de l'aucteur sens trop
ensuivre les paroles du latin, j'ay fait a mon petit pooir si comme ta
debonnairté le me commanda. Or pri touz ceulz qui cest livre
verront, si leur semble en aucuns lieus que je me soie trop
eslongniés des paroles de l'aucteur, ou j'aie mis aucune fois plus de
paroles que l'aucteur n'y met, ou aucune fois mains (sic), que ils me
pardoignent, car si je eüsse espous mot a mot le latin par le françois,
li livres en fut trop occurs (sic) aus gens lais, et le clers neïs,
meïsmement letrés, ne peüssent pas legierement entendre le latin
par le françois... (E. Langlois, «La Traduction de Boèce par Jean
de Meun», *Romania*, XLII (1913), p. 336; véase también, Jean de
Meun, *Traduction de la première épître de Pierre Abelard*, ed.
Charlotte Charrier, París, 1934, págs. 1-2, 39-40).

En las explicaciones de Jean de Meun se halla ya presente la
necesidad que sienten los traductores peninsulares, más de un siglo
después, de disculparse por no haber traducido literalmente, expli-
cando que una traducción literal hubiera resultado demasiado
obscura, tanto para quienes desconocían el latín como para los
clérigo conocedores de esa lengua. Al presentar dicha explicación, el
traductor acepta la opinión de muchos de sus contemporáneos: al
traducir un texto latino a un idioma vernáculo, el problema básico lo
constituye la falta de equivalentes de léxico latino en el vocabulario
de éste. Pero tanto en su versión de Boecio como en su conocida
traducción del *Epitoma rei militaris* de Vegecio, Meun acude lo
menos posible a cultismos y calcos latinos para resolver sus
problemas lexicográficos. La solución que emplea con más frecuencia consiste en sustituir el término latino por otro existente en
francés que él supone de significado afín. Esta manera de proceder
tiende, desde luego, a medievalizar el texto antiguo, corroborando
así la creencia vigente de que la Edad Media representaba una
prolongación del mundo clásico. Tal procedimiento de adaptación se
advierte sobre todo en su versión de Vegecio, donde el traductor,
ante tecnicismos militares romanos y alusiones a instituciones y usos
que se desconocían en la Edad Media, acude con frecuencia a un
término de uso corriente en el siglo XIII que, en su opinión,
denomina el equivalente más cercano del vocablo latino; así cuando
convierte en «chevalier» (con todo lo que esa palabra significaba
para el lector medieval) el *miles* latino, o sea el legionario romano de
a pie. Cuando Meun no tiene otra alternativa que emplear un
latinismo, añade al texto enseguida una perífrasis explicativa. Pero
con mayor frecuencia mayor omite sencillamente la palabra o frase
que le causa problemas —no sabemos si es que él no la entiende o si

la omisión obedece al deseo de no llamar la atención sobre las diferencias perturbadoras fundamentales entre la ciencia militar de la Antigüedad y la Edad Media[16].

La práctica de Jean de Meun es normal en los traductores franceses de los siglos XIII y XIV. A diferencia de los peninsulares del Cuatrocientos, rehuyen por lo general cualquier intento de recurrir a una prosa abiertamente latinizante aun en sus prólogos y dedicatorias. Como ha demostrado Jean Rychner en su análisis lingüístico del estilo de Livio traducido al francés por Pierre Bersuire, este traductor no intenta aproximar su estilo al del latín; remodela el lenguaje del texto original para ajustarlo al uso corriente de la prosa francesa de la época, y cuando, como a Meun, no le queda otro remedio que emplear un latinismo, también añade enseguida una explicación en el texto. En ocasiones observamos que un traductor francés, al discutir los problemas de su traducción entiende que éstos, en realidad, no se limitan únicamente a cuestiones de léxico latino. Simon de Hesdin, al presentar a Carlos V de Francia la traducción de Valerio Máximo que había preparado a ruego de éste, lo explica del siguiente modo:

> M'entente n'est ne fu onques de translater cest livre de mot à mot... Et les causes si sont la brieve et estrange maniere de parler, la difficulté du latin et le merveilleuse stille du livre[17].

Por eso dice a continuación que lo que ha intentado, sobre todo, ha sido traducir «de sentence a sentence, et de faire de fort latin clair et entendable romant»[18]. Ante todo, pues, y aun cuando se trata de un

---

[16] Véase el análisis introductorio en Ulysse ROBERT, *L'Art de chevalerie, traduction du «De re militari» de Vegèce par Jean de Meun*, SATF, París, 1897 y la edición crítica más reciente de la obra de Jean de Meun de Leena LOFSTEDT, *Li abregementz noble honme Vegesce Flave René des establissemenz apartenanz a chevalerie*, ed. critique..., Helsinki, 1977. Pierre Bersuire, al traducir a Tito Livio (*Histoires romaines*), se muestra algo más ansioso que Jean de Meun de comunicar a sus lectores el sentido antiguo del latín que traduce («*convient par grans declaracions et circonloqucins donner entendre que ceulz mos segnifient*»), lo que hace mediante el uso de un glosario. El lector podía aprender, así, que, en el ejército romano, «*chevalier sont cil qui estoient genz de piet, toutesfois endoctrines et apris en l'art de chevalerie*» (HLF, tomo XXXIX, París, 1962, págs. 360-362 y 383-385). Sin embargo, según comenta el autor del estudio citado —Charles Samaran—, el lector de esta traducción de Livio se veía enfrentado de un lado por palabras normales francesas que ocultaba la realidad antigua y de otro por los calcos latinos carentes de sentido en la pertinente explicación del traductor. Pero la tendencia general es evitar, en cuanto se pueda, esta última solución.

[17] Texto citado en Cesare SEGRE, «Jean de Meun e Bono Giamboni, tradutori di Vegezio», *Atti del Accademia delle Scienze di Torino*, II, lxxxvii (1952-1953), pág. 126.

[18] *Ibid.*

texto de carácter erudito, estos traductores creen que su primera obligación es ofrecer una versión totalmente inteligible al lector francés en el lenguaje literario de uso corriente.

Los traductores peninsulares del Cuatrocientos, en general, suelen ajustarse bastante a la pauta que les marcaron sus antecesores franceses, pero en otras ocasiones se apartan de ella, como luego veremos en detalle. Si en la Península se estila en las traducciones una prosa menos fuertemente latinizada de lo que a veces se ha supuesto, no obstante el traductor peninsular es muy propenso a hacer alarde de sus conocimientos del latín mediante el empleo de giros sintácticos latinos y cultismos en su prólogo o dedicatoria. Sobre todo en el caso de la prosificación de la poesía antigua, se dan ejemplos de prosa latinizada que casi se aproximan a las extravagancias que se permiten unos prosistas originales de la época. Pero son muy raros. En general, tanto los peninsulares, como los franceses, traducen para que un lector privado del conocimiento del latín pueda entender sin demasiados problemas su versión. Caso aparte lo constituyen las escasas traducciones castellanas del latín y del italiano hechas *uerbo ad uerbum* para uso de un mecenas particular que no se fía demasiado de su dominio del lenguaje del texto original.

No deja de ser curioso, a primera vista, el hecho de que los traductores franceses de los siglos XIII y XIV hayan rechazado con tan firme determinación la idea de que sería conveniente intentar transferir al francés con mayor libertad las características lingüísticas del latín que echaban de menos en su idioma, por lo menos en el dominio del léxico. Pero eso sería malinterpretar los motivos que les llevaban a emprender su trabajo. El objetivo de éste era divulgar en lengua vernácula a instancias del rey y para fines estrictamente utilitarios o doctrinales, las obras de las grandes *auctoritates* latinas. Poco o nada interesaban a estos traductores los valores estilísticos del texto en cuanto tal; a Carlos V y sus contemporáneos, por ejemplo, les hubiera parecido absurdo crear para esta tarea de divulgación un francés artificial que, por su carácter latinizante, resultase difícil de entender. Aún más: como señala certeramente Jacques Monfrin, los miembros de esta primera generación de traductores al francés no parecen haberse tomado siquiera la molestia de utilizar para su traducción todos los recursos lingüísticos que se hallaban a disposición de los prosistas de su época[19]. El

[19] J. RYCHNER, *art. cit.*, hablando de los siglos XIII y XIV demuestra también que, en Francia, el estilo apresurado de los traductores de los clásicos da con frecuencia una falsa impresión de lo que es capaz el lenguaje literario de los prosistas de la época (*cf.* págs. 178-179; 190-193).

traductor, entonces como ahora, solía trabajar deprisa y no estaba dispuesto a emplear el tiempo en la búsqueda de refinamientos estilísticos. Aunque durante el Cuatrocientos se sentía mucha mayor preocupación por el problema de comunicar a la lengua vernácula el sabor estilístico del original latino, los traductores peninsulares tampoco dejaban de trabajar con premura por ello. Buena prueba ofrece, en no pocos casos, el cotejo de la prosa de sus prólogos y dedicatorias, generalmente escritos con esmero, con la de la traducción misma.

Como ya habrá sospechado el lector, sería un error suponer que, cuando los traductores peninsulares se lamentan de la imposibilidad de traducir debidamente del latín a la lengua vernácula, no hacen sino reflejar el supuesto *pregiudizio umanistico* de los italianos contra el uso de ésta para fines científicos o culturales: semejantes quejas constituyen un *topos* manipulado constantemente por los traductores medievales desde los tiempos más remotos. Además, no recuerdo haber hallado, por lo menos durante la primera mitad del siglo XV, ningún escritor castellano, catalán o portugués que proclamase como cuestión de principio aquel prejuicio atribuido al humanismo italiano; habrá que esperar para ello a la segunda mitad de ese siglo, tardíamente ya por cierto. En cualquier caso, ya sabemos que la oposición de los humanistas florentinos al uso del lenguaje vulgar para cualquier propósito «científico» o literario era de más corta duración y mucho menos generalizada de lo que se solía suponer. El período en que, según Domenico de Prato, era posible afirmar que los escritos de Dante en lengua vernácula eran, por esta razón, solamente apropiados para envolver pescado, ya había desaparecido casi por completo cuando los contactos peninsulares con el humanismo italiano estaban cristalizando, si bien, como demuestran las palabras de Pietro Lauro citadas al principio de este trabajo, seguía siempre habiendo eruditos opuestos al uso del idioma vulgar para cualquier fin. Pero tanto en la época de Lauro como anteriormente eran escasos en número. Así, Leonardi Bruni, en su *Vita di Dante* (1436) —obra vernácula— reconoció plenamente la potencialidad de la lengua vulgar al escribir: «ciascuna lingua ha sua perfezione e suo suono e suo parlare limato scientifico»; lo que se necesitaba, según Bruni, era escritores que se preocupasen por enriquecer la lengua toscana, usándola para fines elevados, como Dante había hecho. Incluso el latinizante Alberti, también en la década de 1430, afirmaba terminantemente que el latín y el romance tenían derecho a idéntico reconocimiento e igual función[20]. Claro

[20] Como era de suponer, son abundantísimos los estudios sobre la traducción y el

23

que los autores citados están pensando más bien en el uso de la lengua vernácula para trabajos originales, pero el elevado número de traducciones del latín al italiano que circulaban demuestra que, si bien se consideraba que siempre era preferible poder leer un texto latino en el original, se aceptaba la necesidad de que hubiera versiones traducidas y algunos humanistas no se mostraban nada reacios a emprender la tarea de llevarlas a cabo.

En Italia, pues, desde el siglo XIII en adelante, muchos traductores se dedicaron a divulgar las obras de los autores clásicos en lengua vernácula. Muestran pocos síntomas de sentirse obligados a disculparse por haber emprendido tal tarea, aunque al contrario de los traductores peninsulares de época más tardía, dan por supuesto que sólo un muy diestro latinista debe afrontarla, requerimiento que se daba con menos problemas dentro que fuera de Italia.

Desde Bruno Giamboni (siglo XIII) en adelante, los traductores italianos de autores antiguos se muestran notablemente flexibles y sin prejuicios respecto al lenguaje de sus versiones; tienen en cuenta tanto el carácter del texto particular como el tipo de público a que se

---

trabajo de los traductores italianos desde el siglo XIII en adelante, aunque los estudiosos del tema no siempre llegan en ellos a conclusiones semejantes. Para no alargar excesivamente estas notas, no cito todos los trabajos consultados, sino solamente los que han contribuido directemente al texto del presente trabajo. Para Francesco MAGGINI, *I primi volgarizzamenti dai classici latini* (Firenze, 1951), fueron las traducciones llevadas a cabo por Boccaccio y los de su época las que realzaron el estilo y consolidaron las estructuras de la prosa en lengua vernácula (pág. 93). Por consiguiente, considera Maggini la traducción de Livio realizada por Boccaccio como un hito de capital importancia en la historia de las traducciones italianas de los clásicos. Cesare Segre —*Volgarizzamenti*—, advierte que fue «*nell ambiente giuridico (e retorico)*» donde apareció por primera vez una escuela de traductores preocupada por reproducir con cierta exactitud el estilo y tono de los textos latinos; a medida que avanzaba el Trecento comenzaron los traductores a interesarse por lo general más que antes por la relación de sus versiones con respecto al latín original tanto por lo que se refiere a la fidelidad del léxico, como a la correspondencia estilística; esta preocupación se traducía inevitablemente en un deseo cada vez más intenso por latinizar (págs. 14-24), pero sin que esa tendencia abarcase jamás las exageraciones de algunos escritores del Cuatrocientos peninsular. Como Francisco Rico me ha recordado, los humanistas italianos también tuvieron que enfrentarse a los problemas de la traducción desde otra perspectiva ignorada por los traductores de la Península de esta época —la de la traducción al latín partiendo de otras lenguas antiguas, especialmente el griego y el hebreo. Importante documento sobre el tema lo constituye el *Apologeticus* de Giannozzo Manetti. Manetti rechazaba por entero la idea de que el traductor del griego tuviese o pudiese elegir entre otras dos opciones: la de ser literal, o, por el contrario, la de limitarse a comunicar tan sólo el sentido de original. Según Alfonso de Petris («Le teoríe umanistiche del tradurre e l'*Apologeticus* de Giannozzo Manetti», *BHR*, XXXVII (1975), págs. 15-32), el concepto que tenía Manetti de la *traductio recta* comprendía un esfuerzo integral para reproducir no sólo el sentido, sino, aunque no de modo literal, todo lo que constituía el estilo del original —imágenes, ornamentos,

dirige. Así, la traducción de Vegecio que hizo Giamboni, versión preparada para uso de los militares, no es lingüísticamente igual a la que el mismo traductor hizo de Paulo Orosio para un público más erudito. Sin embargo, se percibe en ambas una tendencia latinizante más fuerte que la que se nota en la obra de los coetáneos franceses de Giamboni. En general, como advierte Cesare Segre, los primeros traductores italianos al parecer se acercan de modo empírico a la cuestión de la lengua. Si el italiano carece del término que necesitan para traducir uno latino, lo inventan; en el caso de que no fuera posible traducir satisfactoriamente dentro de las normas usuales del idioma, no dudaban en emplear un calco o giro latinizante. A diferencia de los traductores franceses o peninsulares, emplean poco tiempo en lamentarse de que no les resulta posible traducir de modo literal. Casi nadie duda de que el deber del traductor es traducir *ad sententiam* no *ad verbum*, como afirmó Coluccio Salutati en una famosa carta sobre la traducción que dirigió, hacia 1392, a Antonio Loschi: «res velim, non verba consideres». Saber cómo substituir las palabras de un idioma por las de otro no pasa de ser la primera y

---

ritmo, variedad, tono, etc. (*ob. cit.*, págs. 24-27)—. Es decir, una traducción tenía que ser «elocuente» en el sentido humanista del término. Sobre las ideas acerca de la traducción de Manetti (y de otros humanistas), véase también el importante artículo de Glynn P. Norton, «Humanist Foundations of Translation Theory (1400-1450): A Study in the Dynamics of Word», *Canadian Review of Comparative Literature* (1981), págs. 173-203; en él se llama la atención sobre todo acerca del tratado *De interpretatione recta*, incluido en el *Apologeticus.* No ha de confundirse esta obra con la de idéntico título y tema de Leonardo Bruni. Se conocían en la Península obras de Manetti (*cf.* SCHIFF, págs. 364-365), pero, que yo sepa, no el *Apologeticus*; lo cual no ha de sorprendernos porque los traductores peninsulares poco o nada tenían que ver con el tipo de traducción (del hebreo al latín) que se discute en esta obra. Adviértese que, más o menos por las mismas fechas, el Tostado comunicaba a Santillana el juicio justamente opuesto de que la mejor traducción consistía en respetar en el grado máximo posible la literalidad. He aquí sus palabras:

> ...dos son las maneras de trasladar. Una es de palabra a palabra, et llámase interpretación; otra es poniendo la sentencia sin seguir las palabras, la cual se faze comúnmente por más luengas palabras. Et ésta se llama exposición o comento o glosa. La primera es de más autoridad; la segunda es más clara para los menores ingenios. En la primera non se añade et, por ende, sienpre es de aquél que la primero fabricó. En la segunda se fazen muchas adiciones e mudamientos, por lo qual non es obra del autor mas del glosador.
>
> (BN Madrid, Ms. 10811, fol. 1r)

No sé por qué el Tostado, capaz como luego se verá de discutir con cierta profundidad los problemas de la traducción, se conforma con unas aseveraciones tan simplistas sobre el tema como éstas; las palabras citadas, sin embargo, sirven para ilustrar el distanciamiento que se daba entre las ideas de los humanistas italianos y las que seguían vigentes en la Península.

menos penosa etapa de una traducción; se tenía que traducir toda la fuerza lingüística y estilística del original junto con el significado básico denotativo del texto; con este fin, era permisible no sólo parafrasear, amplificar, compendiar o alargar, sino también embellecer e incluso mejorar el original, si se creía que había lugar para ello. En el siglo XV surgió una tendencia en ocasiones netamente latinizante, tendencia que, desde luego, el italiano admitía con menos alteración que las restantes lenguas románicas. Pero, si bien se enriquecía ahora el idioma tomando nuevas palabras y modos de expresarse del latín (como el latín las había tomado del griego), los traductores, como los autores de obras originales, eran conscientes de que no debían innovar hasta el punto de abusar de la personalidad natural del idioma («non sforzando la natura», según la frase de Cristoforo Landino)[21]. Así, cuando llegue el momento de considerar más de cerca el aspecto fuertemente latinizante que caracteriza a unas pocas traducciones peninsulares de la misma época, no habrá que enfocar el problema con criterios demasiado simplistas sobre una posible influencia del humanismo italiano. Se ha de tener en cuenta que las traducciones peninsulares de tipo marcadamente latinizante aparecen de forma esporádica con anterioridad a la época en que está documentada la existencia de una estrecha relación cultural entre Castilla e Italia, sobre todo Florencia. Pudiera ser, pues, que tal fenómeno represente una solución que los traductores peninsulares descubrieron por sí solos.

V

Por lo que respecta a la teoría de la traducción entonces en vigor, tanto la Edad Media como el humanismo italiano partieron directamente de San Jerónimo, aquélla para aceptar sin reservas las opiniones del santo, éste para intentar ponerlas al día de acuerdo con sus actitudes. Como es sabido, San Jerónimo dio a conocer sus ideas sobre el tema en respuesta a una crítica de su labor como traductor del griego. Ésta se encuentra en la famosa epístola a Pamaquio, *De optimo genere interpretandi* (n.º LVII del canon) escrita hacia

---

[21] Mario SANTORO, «Cristoforo Landino e il volgare», *GSLI*, CXXXI (1954), pág. 523.

el 395 d.C.[22] Allí San Jerónimo niega con argumentos no siempre muy consistentes y apoyándose en autoridades como Cicerón y Horacio que una traducción fiel sea, por definición, algo que ha de realizarse *pro uerbo uerbum* («palabra por palabra»), aunque enseguida se ve obligado a formular una advertencia que iba a suscitar problemas llegado el momento: en el caso de la Sagrada Escritura, cualquier traducción tenía que ser literal, pues en ella —explica el santo— el orden de las palabras en sí encierra un misterio divino[23]. Con esta única excepción, el verdadero traductor, según San Jerónimo, es aquél que intenta captar en su propia lengua el significado total del texto original, traduciendo las ideas de este último y no las palabras exactas; este proceso, según las palabras empleadas por él mismo, consistía en *sensum exprimere de sensu*[24]. Ambos métodos posibles de traducción constituyen el origen de los *topoi* que suelen manejar los traductores de todos los países al emprender su tarea; referidas a veces en los términos exactos empleados en la *Epístola*, aparecen constantemente citadas en los prólogos y dedicatorias de los traductores peninsulares. Éstos, desde luego, suelen optar por el segundo de ellos, si bien, como el propio santo (y gran número de traductores de todas las épocas) quedan, como ya vimos al examinar la obra de los franceses, algo insatisfechos con su elección por inevitable que sea. Así, hubo en la Península quienes, como Alfonso de Madrigal, afirmaban que en rigor sólo una traducción literal podía respetar la autoridad del original[25]. La doctrina de Landino de que se debía respetar la índole particular de cada lengua, que a veces se ha presentado como de origen humanista, en realidad no lo es: cada lengua —decía San Jerónimo en su *Epístola*— posee su propio genio y éste debe ser respetado y empleado por el traductor para obtener el máximo rendimiento. En un conocido ejemplo —muy citado por los traductores que nos interesan— el santo intentó precisar más su juicio sobre las malas consecuencias de la literalidad. Invita a Pamaquio a preguntarse qué habría sucedido con Homero si se le hubiese traducido del griego al latín palabra por palabra; la obra del príncipe de los poetas indudablemente habría quedado sin sentido. Este ejemplo de San Jerónimo fue traído a colación hacia 1442 por

[22] Para el presente trabajo me he servido de Saint Jérôme, *Lettres*, ed. de Jérôme Labourt, París, 1953; el texto de la epístola en cuestión (en latín y en francés) ocupa las páginas 55-57. No fue únicamente en esta epístola, desde luego, donde discutió San Jerónimo los problemas de la traducción (véase texto, pág. 13).

[23] *Ibid.*, pág. 59.

[24] *Ibid.*, pág. 59, lín. 20.

[25] Véase, por ejemplo, la cita en la nota 20.

Pedro González de Mendoza, hijo del Marqués de Santillana, en el prólogo a su traducción de la *Ilíada* al castellano que acababa de realizar a instancias de su padre sobre la versión latina de Pier Candido Decembrio[26].

Intenta San Jerónimo, sin demasiado acierto, establecer una nomenclatura para distinguir entre el traductor *ad sensum* y el meramente literal. Sugiere, en efecto, el término *orator* para el primero, proponiendo, en cambio, el de *interpres* para el segundo: («*nec converti ut interpres, sed ut orator, sententiis isdem et earum formis quam figuris, uerbis ad nostram consuetudinem aptis*»). Pero enseguida añade que aun sin traducir palabra por palabra, también el *orator* ha de conservar «el genio» y el valor de cada palabra; distinción, como se ve, nada clara. El romance peninsular, que yo sepa, no diferenció jamás entre los dos tipos de traductor; aunque en el siglo XV se use un número considerable de términos para hacer referencia a «traducir» y «traductor», no existe, por lo menos según he podido averiguar, ninguna clara distinción funcional entre todos ellos[27]. No es necesario advertir que la discusión de San Jerónimo en torno a los problemas de la traducción enfoca la cuestión pensando tan solo en las lenguas escritas de la Antigüedad (hebreo, griego, latín, etc.) que él conocía. El intento de aplicar sus teorías de traducción a las lenguas vernáculas de épocas posteriores y de muy diferente estructura no siempre dio resultados plenamente satisfactorios. Pero estos desperfectos en las teorías de San Jerónimo, unidos a otros, pasarían inadvertidos casi por completo siglo tras siglo.

Abundan pruebas de que algunos de nuestros traductores peninsulares del siglo XV estaban bien enterados de la fuente original de las ideas acerca de la traducción que solían repetir tan frecuentemente. Ya mencioné el caso de Pedro González de Mendoza. Con anterioridad a éste, Alfonso de Cartagena, en la dedicatoria al rey Don Duarte I de Portugal de su versión del Libro I del *De inventione* de Cicerón (hacia 1424), habla con aprobación de la carta de San Jerónimo que, según él, trata «de la muy buena manera de declarar»[28], y continúa extrayendo citas de la misma. El príncipe de

---

[26] SCHIFF, *ob. cit.*, pág. 5.

[27] P. ej. arromançar; romançar; interpretar; traducir; trasladar; trasponer; vulgarizar; tranferir, etc. La mayoría de ellos con sus correspondientes formas nominales.

[28] Escribe Cartagena: «en las doctrinas que non tienen el valor de la autoridat de quien las dixo, nin ha seso moral míxtico... non me parece dapñoso retornar la intençion de la escriptura en el modo de fablar que a la lengua en que se pasa conviene. La qual manera de trasladar aprueva aquel singular trasladador, santo Gerónimo, en una solepne epístola que se sobrescribe de la muy buena manera de declarar» (Alfonso DE CARTAGENA, *La rhetórica de M. Tullio Cicerón*, a cura de Rosalba Mascagna, Liguori-Napoli, 1969, pág. 31).

Viana, mucho después, recurre a la autoridad del santo en defensa del método seguido en su traducción de la *Ética* de Aristóteles, que acababa de llevar a cabo tomando como base la versión latina de Leonardo Bruni[29]. San Jerónimo siguió siendo el santo de algunos de los traductores hispánicos aún en las primeras décadas del siglo XVI. Así, Francisco de Madrid, traductor del *De remediis* de Petrarca en 1510, repite brevemente los rasgos más importantes de sus teorías. Su hermano, el arcediano del Alcor, justificaba su modo de traducir hacia 1526 el *Enchiridion* de Erasmo parafraseando bastante extensamente (y en parte siguiendo al mismo Erasmo) pasajes de la famosa *Epístola*[30]. Solamente en la Italia de los humanistas —como ya indiqué— aparecen intentos si no de poner en tela de juicio las teorías de San Jerónimo en su totalidad, sí al menos de interpretarlas y revisarlas a la luz de la experiencia intelectual del humanismo italiano[31]. También empiezan a cundir en la Península, algo tardíamente, es cierto, sospechas de que no bastaba que el traductor intentase reproducir lo mejor que pudiera el sentido de su original latino: de un modo o de otro había que intentar reproducir igualmente la *eloquentia* latina. Esta creencia llevó a algún que otro erudito peninsular de la segunda mitad del Cuatrocientos a retornar a la vieja duda de la posibilidad de traducir eficazmente del latín a la lengua vernácula. Pienso, por ejemplo, en Alfonso de Palencia (1425-1492) traductor de Plutarco y de Josefo, quien en un alarde de entusiasmo humanista, exclamaba que le resultaba espinoso traducir incluso cualquiera de sus propios trabajos latinos al castellano. No sólo existía, afirmaba, la conocida dificultad de dar a conocer «la verdadera significación de muchos vocablos»; además sólo de modo muy deficiente era posible reproducir en la versión vernácula el equivalente de las cadencias latinas («el son de las cláusulas»). El resultado, inevitable por otra parte, era que, en comparación con el original «lo agudo se torna grosero y lo muy vivo se amortece del todo»[32].

Tal vez quería Alfonso de Palencia distanciarse de los prosistas latinizantes de la generación anterior o recalcar la admiración hacia el humanismo italiano, exagerando el supuesto desprecio de éste para con los escritos en lengua vernácula. Llegó una vez incluso a

---

[29] *La Philosophia moral del Aristotel* (Çaragoça, 1509), fol. a ij r. Llama la atención el Príncipe, sin embargo, acerca de la semejanza del juicio del santo sobre la traducción con el de Cicerón al traducir del griego al latín.

[30] ERASMO, *El enquiridion o manual del caballero cristiano*, ed. de Dámaso Alonso, *RFE*, anejo XVI (1932), págs. 104-105.

[31] Véase la nota 20.

[32] Alfonso DE PALENCIA, *Batalla campal de los perros*, Sevilla, 1490, fol. a ij r.

sugerir que su lengua nativa («nuestro corto fablar») nunca podría convertirse en instrumento capaz de satisfacer las exigencias de los hombres cultos. Se declaraba, además, por principio enemigo de las traducciones; las versiones en lengua vernácula —sostenía— son un mal medio porque hacen que el público suponga, erróneamente por cierto, que una traducción puede suplir un original con una adaptación capaz de reemplazar este último. ¡Como consecuencia de este error, no verían los hombres la necesidad de tomarse la molestia de aprender latín! Teniendo en cuenta que Palencia era, después de todo, él mismo traductor de obras del latín al castellano, resulta difícil afirmar qué grado de sinceridad había en su condena. Parece posible, sin embargo, que en el círculo cultural en que se movía en la segunda mitad del siglo XV este antiguo discípulo de Alfonso de Cartagena, ya había, por vez primera en la Península, algunos eruditos dispuestos a condenar del todo cualquier traducción del latín a la lengua vernácula y a reafirmarse la antigua idea de que la cultura latina no debía ser puesta a disposición de los profanos.

Sería, sin embargo, un error suponer que ningún erudito peninsular hiciera una contribución importante durante el Cuatrocientos relativa a la traducción y sus problemas. Como ya sugerí anteriormente, Castilla con Alfonso de Madrigal (el Tostado) llevó a cabo una contribución poco conocida pero importante, y tal vez original, a la teoría medieval de la traducción. Me refiero a su *Comento de Eusebio*, donde se convierte en exegeta de las ideas de San Jerónimo sobre le problema[33]. Este trabajo es básicamente una traducción al castellano comentada por el traductor de la propia al latín que hizo San Jerónimo de la obra griega de Eusebio (260-340 d.C.), es decir, los *Cronici canones*. La versión de el Tostado estaba dedicada a Santillana y fue terminada hacia 1450. Fue impresa en cinco volúmenes en Salamanca (1506-1507) debido a la intervención personal de Cisneros, quien insistió para que se publicasen, en parte en España y en parte en Italia, los manuscritos del famoso catedrático y erudito salmantino que se encontraban, medio olvidados, en dicha ciudad. La dedicatoria a Santillana se encuentra completa en una versión manuscrita del *Comento* que pertenecía al

---

[33] *Tostado sobre el Eusebio*, 5 tomos, Salamanca, 1506-1507. Norton, *Descriptive Catalogue*, n.º 5495. Para el propósito del presente trabajo, interesa sobre todo el primer tomo de dicha obra. R. G. Keightley, «Alfonso de Madrigal and the *Chronici canones* of Eusebius», *JMRS*, VII (1977), págs. 225-248, examina la historia de la obra de el Tostado en forma manuscrita e impresa. Cisneros, en una visita al Colegio de San Bartolomé, encontró las obras del más famoso profesor cuatrocentista de dicho colegio «sepultadas e sin fruto por falta de personas aficionadas a las letras» (*ob. cit.*, I, fol. vij r).

Marqués (BN, Madrid, Ms. 10811). Dicha dedicatoria, reproducida sólo en parte por Schiff, parece ser un aguado resumen de las ideas acerca de la traducción expuestas por el autor en el capítulo VII del texto impreso en 1506.

Lo que se propone el Tostado es esencialmente hacer asequible en lengua vulgar todo aquello que San Jerónimo opina en los *Cronici canones* acerca de la traducción; pero lo acompaña con una exégesis de las ideas de éste que dista mucho de ser una mera explicación de ellas. Por ejemplo, reconoce el Tostado que los problemas que presenta la tarea de traducir del latín a una lengua romance piden, en ciertos casos, una reinterpretación de las teorías del santo. Así —explica— la creencia de que un traductor debiera intentar ceñir su versión a las dimensiones del original evidentemente no puede ser sostenida por razones relacionadas con la estructura del lenguaje, cuando se trata de un idioma romance moderno; el uso de rodeos de cierta extensión se hace entonces inevitable, por el hecho de que hay palabras en latín que poseen un significado que no puede ser traducido por ninguna palabra simple en castellano. Esto, por supuesto, era ya una perogrullada. Pero el Tostado, al comentarlo, fue según creo el primero que hizo notar que lo contrario era también verdad, a saber: «en el vulgar ha vocablos para los quales fallescen correspondientes en latín» (ob. cit., xj *v*). Tampoco acepta la opinión de algunos de sus contemporáneos de que hay cosas que se pueden decir en latín que es imposible traducir adecuadamente a cualquier idioma vernáculo: una vez que se ha asumido la necesidad de «luengos rodeos» —asegura— entonces «no ha cosa que sea significada por vocablos de un lenguaje que no pueda ser significada por vocablos de otra lengua» (ob. cit., xj *v*).

A pesar del optimismo que la teoría implica, el Tostado tiene una concepción poco favorable de las traducciones del latín al castellano que se realizaban en su época. Con perspicacia sugiere que una de las causas de las malas traducciones consiste en que los traductores suponen que, por la simple razón de conocer ambas lenguas en juego, se hallan adecuadamente preparados para su tarea; no se dan cuenta de que tienen que ser también capaces de dominar el asunto o materiales en cuestión, es decir, lo que él llama «el linage del saber» (ob. cit., vij *r*). Pretender traducir a Aristóteles, por ejemplo, sin dominar los modos de pensar del filósofo griego es condenarse de antemano al fracaso. Añade el Tostado: «e esta es la razón por que muchas translaciones fechas de latín en vulgar castellano valen poco».

El Tostado, ciertamente, no puede ser considerado humanista en el sentido italiano estricto del término, pero evidentemente no ignora la enorme importancia que concedían los humanistas italianos a la elocuencia como cualidad esencial del acto de comunicación, aunque no llegara a coincidir con ellos en la interpretación del significado de esta palabra. El traductor —dice en el capítulo VIII del *Comento*— debe siempre esforzarse por transmitir *la fermosura* estilística del original, aunque era consciente de la «condición propia de la fabla de cada lengua»[34]. No obstante, ante el dilema de elegir entre la fidelidad al texto que no suene bien y la infidelidad que lo haga, debe, desde luego, optar por la fidelidad. Así pues, el Tostado, a fin de cuentas, se sumaba a la opinión defendida por Alfonso de Cartagena en su celebrada disputa con Leonardo Bruni acerca del papel de la elocuencia en las traducciones. No negaba tampoco que la búsqueda de la *fermosura* de estilo fuese difícil, toda vez que la lengua vulgar, comparada con el latín, sólo toleraba el uso de un reducido número de figuras y colores retóricos[35], verdad ésta que, sin embargo, se menciona muy poco al discutir el tema los tratadistas y traductores medievales. A pesar de esta deficiencia, dice el Tostado, el traductor debe manejar lo mejor que pueda las posibilidades retóricas que su lengua le ofrece; si no resulta posible reproducir en la lengua vernácula los giros o figuras empleados en el original, debería buscar al menos cualquier forma equivalente capaz de sugerirlas. Resulta evidente que, para el Tostado, el buen traductor era un erudito dispuesto a dedicar mucho tiempo y esfuerzo a su tarea, lo que, como vimos, no representaba la actitud normal ni de su época ni posteriores. Mucho más es lo que se podría decir sobre los comentarios de el Tostado en torno a la traducción y en lo concerniente a la lengua en general. A veces adopta posturas contradictorias (el lector habrá notado algunas inconsistencias en la descripción que acabo de hacer de ciertas ideas suyas), y es excesivamente proclive a la verbosidad, pero me parece que se trata de un hombre avanzado de su tiempo si nos atenemos a su habilidad para discutir a fondo cuestiones lingüísticas que, anteriormente, por lo menos en la Península, se solían tratar más bien repitiendo una serie de lugares comunes tomados directa o indirectamente de San Jerónimo sin detenerse a considerar si hacía falta ponerlas al día o modificarlas teniendo en cuenta el contexto lingüístico muy distinto

[34] El Tostado insiste en más de una ocasión en la importancia de la elocuencia: aun teniendo el traductor la suficiente preparación lingüística y buen conocimiento del tema que debe presentar en forma traducida, errará «si no tiene saber de eloquencia» (*ibid.*, fol. vij *r*). A falta de un estudio de la estilística de las obras castellanas de el Tostado, sería arriesgado emitir cualquier juicio definitivo sobre cómo él entendía la «elocuencia»; parece probable, sin embargo, que, al contrario de Alfonso de Cartagena, permanecía fiel al concepto medieval de la retórica.

[35] *Ibid.*, fol. xij *v*.

en que el santo había formulado sus teorías. Las doctrinas de el Tostado, divulgadas no sólo por su obra sino —como puede suponerse— también mediante sus *lectiones* universitarias, pueden muy bien haber contribuido a impedir que los traductores castellanos, por regla general, sucumbiesen a la moda latinizante que afectaba a muchos prosistas originales de la época.

Se debe evitar, sin embargo, el ya mencionado error de suponer que, aún antes de que las teorías de el Tostado se diesen a conocer, las traducciones del latín que se hicieron en la Península siguiesen con frecuencia el camino latinizante o cultista. En realidad, tales traducciones escasean. Como en Francia o en Italia, la mayoría de los traductores peninsulares —según ya sugerí anteriormente— reconocen que su obligación primaria es la de lograr versiones que sean totalmente inteligibles a los no-latinistas. Éstos, por regla general, no sólo tenían poco interés por saborear la cultura clásica considerada como tal, sino que creían que la continuidad entre el mundo antiguo y el propio mundo medieval era un hecho incontestable. Poner en duda esa suposición mediante extraños usos lingüísticos hubiera resultado, en tales casos, contraproducente. Aún Enrique de Villena, que posee fama de ser un traductor sumamente cultista, empezaba su carrera con semejantes ideas. Al traducir, en 1417, sus *Doze trabajos de Hércules* (en este caso no partiendo del latín, sino de su propia redacción en catalán), emitía unas ideas muy convencionales sobre el deber del traductor. El objetivo del traductor —explica en esta obra— es no cambiar en absoluto ni el contenido ni la estructura del original, sino más bien:

> usando del comun fablar, e fuyendo o apartando, siquiera esquivando quanto pudo, de los intrincados e menos entendidos por legos vocablos, a fin de que a muchos pudiese aprovechar e comunicarse[36].

Otro manifiesto ejemplo de una traducción realizada para desconocedores del latín es la versión en castellano del *Epitome rei militaris* de Vegecio, que durante toda la Edad Media fue el principal libro de instrucciones al uso sobre táctica y organización militares. Fue traducido por fray Alonso de San Cristóbal, profesor dominico de teología y predicador de la corte. Como intento demostrar en un trabajo actualmente en prensa, esta traducción fue probablemente

---

[36] Enrique DE VILLENA, *Los doze trabajos de Hércules*, ed. de Margherita Morreale, Madrid, 1958, pág. 4. Para una posible localización de la versión perdida en catalán, véase M. de RIQUER, *ob. cit.*,II, pág. 699, y E. de VILLENA, *Tratado de la consolación*, ed. Derek C. Carr, Madrid, 1976, págs. xxxv-xxxvi.

emprendida por orden de Enrique III de Castilla, y no de Enrique IV, como tradicionalmente se ha venido aceptando. Se halla redactada en un castellano sencillo y directo, pero también dúctil y bien dotado de recursos expresivos. El traductor no rehúye el empleo de imágenes populares o giros propios de la lengua hablada, pero tampoco vacila en emplear algún que otro latinismo o neologismo alusivo al arte militar cuando no era posible otra solución, recurriendo entonces, como Jean de Meun en Francia siglo y pico antes, a una glosa para explicar su significado. Tengo la impresión de que este tipo de traducción es característico del traductor clérigo. Teólogos de la índole de fray Alonso, formados en la universidad medieval española, o en muchas ocasiones, enviados por su orden a estudiar en una universidad extranjera, habían aprendido bien el latín e incluso habían estudiado al cursar el *trivium* los textos de los principales literatos latinos, pero todo ello sin el más mínimo contacto con las nuevas ideas del humanismo italiano. En cuanto a su modo de manejar el idioma vernáculo en sus traducciones, la lengua que emplearon fue la de los predicadores, como puede apreciarse al leer la prosa de las glosas aclaratorias de fray Alonso, llenas de alusiones al bagaje intelectual y expresivo del predicador medieval. No es preciso insistir en el hecho de que un dominico profesor de teología en el prestigioso convento de su orden en Salamanca, o que, como fray Cristóbal, predicaba ante la corte, tendría mucha práctica en traducir del latín a la lengua vernácula como función necesaria de su vida cotidiana.

Este tipo de traducción jamás dejó de existir. Un ejemplo notorio de lo que podemos denominar moda popular en la traducción es aportado, a principios del siglo XVI, por la lamentable versión del *Infierno* de Dante, publicada en Burgos en 1516, pero, al parecer, terminada unos años antes. En el presente caso el clérigo era un engreído arcediano de Burgos, Pero Fernández de Villegas[37]. Si el arcediano no respeta el texto de Dante, no es precisamente por ignorancia del italiano, sino porque, como él explica complacido, no había dudado en mejorar tanto las ideas como la poesía del florentino cuando le había parecido deseable, ni en corregir declaraciones del poeta que, según su traductor castellano, ningún poeta cristiano digno de respeto debiera de haber hecho. Pero también se jacta de haberse esforzado todo lo posible por evitar el uso demasiado frecuente en su traducción del lenguaje tal y como se

---

[37] *La traducion del Dante... en verso castellano por Pero Fernández de Villegas*, Burgos, 1515; Norton, *Catalogue*, n.º 275. Sobre la traducción véase, entre otros, Armida Beltrani, «Don Pedro Fernández de Villegas e la sua traduzione della prima Cantica della *Divina Commedia*», *Il Giornale Dantesco*, XXIII (1915), págs. 254-283.

usaba a fines del siglo XV entre «curiales y galanes». Causa extrañeza el oír a este traductor de Dante declarar que para no aceptar la lengua de la corte, había recurrido al habla popular, usando incluso arcaísmos campesinos que se oían ahora «solamente en labradores» y en las montañas donde, según él asegura, el habla era más próxima al latín que la de los cortesanos, doctrina que hubiera sorprendido mucho —supongo— a algunos de los humanistas italianos estudiosos de Dante de cuya amistad se vanagloriaba Villegas. Es probable que el arcediano, durante su estancia en Italia, hubiese tergiversado unas discusiones que había oído allí acerca de los problemas lingüísticos de la obra de Dante. Su propia declaración es, además, sólo a medias exacta; si a veces utiliza para su traducción del *Infierno* palabras y frases ya arcaicas o populares que únicamente sobrevivían entre los campesinos, también la traducción está cargada de italianismos. Claro que ahora no se trata de un autor de la Antigüedad clásica, pero la obra del arcediano de Burgos representa —que yo sepa— la única ocasión en que un traductor peninsular de la época que nos interesa osó temerariamente «mejorar» doctrinalmente el texto de una famosa *auctoritas* literaria del pasado.

VI

Tan sólo nos hemos dedicado hasta ahora a analizar las ideas que profesaban los traductores acerca de la traducción, así como los resultados de sus trabajos. Pero también se daba, desde luego, otro factor de importancia que nos interesa destacar: ¿cómo llevaron a cabo, en la práctica, la tarea de verter un texto de un idioma a otro? Con sólo la excepción de Enrique de Villena, es poco lo que nos dicen los traductores sobre este aspecto de su labor, sin duda porque lo daban por supuesto. Su silencio puede engañar a los modernos críticos, acostumbrados como se hallan a que el traductor emprenda su tarea en circunstancias muy diferentes. Así, como instrumentos para resolver las dificultades de la gramática latina, los traductores del Cuatrocientos en la Península contaban tan sólo con anticuados manuales como el de Alejandro de Villa Dei, cuyo *Doctrinale*, obra enormemente popular en las aulas, había sido escrito a finales del siglo XII, pero que seguía siendo obra básica en la Península (así como en el resto de Europa), incluso después de la publicación de la gramática latina de Nebrija. Quienes precisaran algo más pormenorizado habrían de remontarse, por fuerza, a Donato, Prisciano u otros gramáticos latinos, los cuales escribieron sus obras para lectores de lengua materna latina. Igualmente arduo resultaba el problema lexicográfico, porque en aquel entonces tan solo disponían los traductores de «lexicones» que no ofrecían muchas veces más que un solo sinónimo o definición de una palabra latina, como sucede con el *Catholicon* de Juan de Génova, o los *Elementa vocabulorum* de Papias, que data del siglo XI[38]. Se conserva todavía la copia de la obra de Papias perteneciente a la biblioteca del Marqués de Santillana y que fue, sin duda, usada por los traductores a su servicio[39]. Rodrigo Fernández de Santaella, en su *Vocabulario eclesiástico* (Sevilla, 1499), llama la atención sobre las deficiencias de estos rudimentarios diccionarios cuando escribe:

> ... algunos clérigos, aunque ayan estudiado gramática (entiéndase "latín"), no alcançan perfectamente el seso castellano de muchos vocablos, assí porque los vocabulistas exponen en latín un vocablo por otro, como porque no señalan en qué significado se pone en cada lugar, quando se halla en diversos lugares... (fol. a ij)

Cabría preguntarse si el comentario de Fernández de Santaella no ayuda a esclarecer la insistencia sobre los problemas del vocabulario latino que, como hemos advertido en las páginas anteriores, sorprende en las observaciones de los traductores (no sólo de los peninsulares) acerca de su tarea.

Para hallar el equivalente de una palabra latina en castellano, catalán o portugués, todo aquello de lo que se disponía hasta finales del siglo XV, eran los elementales vocabularios compilados anónimamente para uso de quienes trabajaban en bibliotecas o archivos particulares, o por estudiosos individuales para su propio uso personal[40]. Muchos de nuestros traductores por fuerza hubieron de

---

[38] El *Catholicon* (cuyo autor también se conoce como «Johannes Balbus») se sirvió de la obra lexicográfica de Papias, así como de las *Derivationes* (hacia 1200) del canonista pisano Hugutio, obispo de Ferrara. Además de la observación de Fernández de Santaella acerca de las deficiencias de los «vocabulistas» (recogida en el texto), véase también Alfonso de Palencia en la dedicatoria de su *Universal vocabulario* (Sevilla, 1490) donde hace hincapié en la enorme dificultad en que «incurren los de España medianamente principiados en la latinidad cuando por vocablos latinos menos conoscidos buscan de entender los no conoscidos» (*ob. cit.* en VINDEL, *Sevilla y Granada*, pág. 65).

[39] SCHIFF, *ob. cit.*, págs. 194-195.

[40] Véase Américo CASTRO, *Glosarios latino-españoles de la Edad Media*, Madrid, 1936, *passim*: un ejemplo de este tipo de obras la constituye el vocabulario

atenerse tan solo a lo que habían aprendido de coro en la escuela o universidad. Todo esto ayudará a comprender por qué la opinión que prevalecía aún entre los profanos con pretensiones cultas era la de que, a menos que el latín se hubiese aprendido en la infancia, la oportunidad de aprenderlo se había perdido irrevocablemente. También nos explica por qué, si un traductor peninsular tenía noticias de que una obra latina ya se había traducido al italiano (o al francés), él o su mecenas se esforzasen por obtener una copia, no necesariamente para hacer su versión directamente de ella, sino para que sirviese en romance de modo que les ahorrase tiempo.

A causa de todas estas dificultades, no resulta nada sorprendente que traducir una obra latina fuera, en aquel entonces, un trabajo bastante lento. Hubo, bien es verdad, casos especiales: el traductor del compendio de la *Etica* de Aristóteles —que atribuyo a Nuño de Guzmán— pretende haber completado su versión en seis semanas (del 15 de octubre al 28 de noviembre de 1467 exactamente), pero en este caso se trata de un latinista que, además del texto latino del compendio, tenía a mano una versión italiana y otra en catalán o aragonés, o, tal vez, una versión en ambas lenguas[41]. Cuando era el caso de traducir directamente del latín sin ayudas de este tipo, el trabajo se hacía más penoso todavía. Enrique de Villena tardó un año en dar término a su versión de la *Eneida*; traductores hubo, como Pero López de Ayala, quienes, absortos por sus deberes diplomáticos y administrativos, no dieron fin a más de una traducción por ellos iniciada.

La mayoría de los traductores, al parecer, acataron el ejemplo de San Jerónimo y utilizaron la técnica del dictado. Incluso un erudito de la talla de Alfonso de Cartagena se valía de este procedimiento a la hora de traducir; cuando en la década de 1420 decidió concluir la traducción del *De casibus principum* de Boccaccio (una de las traducciones incompletas de Ayala) se sirvió nada menos que del

---

latino-castellano de 57 folios compuesto en el siglo xv y al que Castro da el título de *El glosario de El Escorial.* Abundan estos glosarios bilingües medievales en las bibliotecas europeas.

[41] RUSSELL, P.E. y PAGDEN, A.R.D., «Nueva luz sobre una versión cuatrocentista de la *Ética a Nicomaco*; Bodleian Library, Ms. Span. d. 1», *Homenaje a Guillermo Gustavino* (Madrid, 1974), pág. 133. Ugo de Urries, embajador de Juan II de Aragón en las cortes de Borgoña y de Inglaterra, tradujo, en 1467, del francés de Simón de Hesdin y de Nicolas de Gonesse a Valerio Máximo (Zaragoza, 1495). Lamenta el traductor aragonés en su prólogo haber tenido que leer el original francés y traducir la obra entera en siete meses tan sólo (George D. PAINTER, *Catalogue of Books printed in the XV Century now in the British Museum*, X, London, 1971, pág. 28). Esta es la traducción de un texto clásico que condenaba Boscán como ejemplo de la incompetencia de los traductores en la carta dedicatoria de su propia versión de *Il Cortegiano* de Castiglione.

secretario de Juan II de Castilla, Juan Alfonso de Zamora, como amanuense. El hecho obedeció, sin duda, a la coincidencia de que ambos hombres de letras se hallaban a la sazón en misión diplomática en Portugal. Por lo general, los amanuenses eran figuras de inferior categoría y parece, además, que podían ser totalmente monolingües. Según he podido averiguar, los copistas responsables de varios manuscritos de la traducción de Vegecio al castellano —aun cuando se trataba de un manuscrito lujoso para uso de una casa noble o del rey— eran incapaces de transcribir incluso con un mínimo de exactitud pasajes nada difíciles en latín extraídos de la *Vulgata*; o copiaban, sin ningún intento de corregirlos, evidentes errores latinos perpetrados por un predecesor. Pero el caso del copista inepto no constituía, desde luego, un fenómeno específicamente hispánico. Se daba con frecuencia en Italia, por ejemplo, en la corte de Alfonso V. Al Infante Don Pedro de Portugal (futuro regente de aquel país, 1438-1448) debemos ciertos comentarios interesantes respecto a los mecanismos de la traducción. Así, explica que resulta más difícil el proceso cuando se dictan pasajes cortos del original, en lugar de párrafos más largos del mismo[42]. La observación sorprende a primera vista, pero supongo que lo que quería indicar era que dictando resultaba más laborioso ceñirse al curso general del texto en cuestión si, en busca de la exactitud y de la concisión, se limitaba a traducir solamente unas pocas palabras a la vez.

Resulta evidente que antes de iniciar su traducción, el traductor debía decidir por sí mismo en qué medida habría de dar prioridad en la versión definitiva a la fidelidad de la letra sobre la elegancia estilística, o viceversa. Ante los prólogos y dedicatorias de los traductores, podría suponerse que, según sugiere San Jerónimo, se daba una polaridad neta entre la traducción *ad sensum* o *ad sententiam* y la versión *ad verbum*. Pero cualquier análisis de las traducciones en sí mismas demuestra que, según el caso, podía darse toda una matizada gama de etapas posibles entre estas dos modalidades contrapuestas de traducción: se tenía en cuenta la naturaleza de la obra que se quería traducir, los lectores a que se destinaba, el propósito de quien había encargado la traducción y, finalmente, las preferencias y propia capacidad del traductor. Así, el famoso traductor portugués, Vasco Fernández de Lucena, al referirse a su versión del *De Senectute* de Cicerón (*Livro de velhice*), realizada

---

[42] CÍCERO, *Livro dos oficios*, ed. de Joseph S. Piel, Coimbra, 1948, págs. xxxiii-xxxiv; Don Pedro afirma que su traducción es «*parte troncada e em pausas curtas, que ao dictar som de gram trabalho, e outra parte em pausas compridas, que de rrazoar he mais chaâ maneira*».

por encargo del Infante Don Pedro, explica que, dado que el príncipe era buen conocedor del latín y de la obra de Cicerón, no le fue necesario traducir «mudamente» ni alterar de cualquier otro modo el estilo del texto original. Por idénticas razones era innecesaria cualquier glosa para comentar o explicar palabras o alusiones. Pedro debía comprender, empero, que una traducción realizada de tal forma no podía conservar «aquella dulçura, nem dignidade de eloquencia que há no latim»[43]. Esto nos trae a la memoria los problemas que se le plantearon a Alfonso de Cartagena al dedicar su traducción de Séneca a otro príncipe y presunto latinista, Juan II de Castilla. En el caso portugués, Don Pedro, sin duda, precisaba poseer una versión vernácula castellana de la obra de Cicerón para facilitar la comprensión de pasajes difíciles en el original. Lucena reiteraba su advertencia con respecto a la pérdida de la elocuencia latina al referirse a la traducción del *De ingenuis moribus* de Pedro Paolo Vergerio, obra muy influyente escrita hacia 1392, que había llevado a cabo por orden del mismo Don Pedro para la instrucción del joven rey Alfonso V de Portugal. Pero la razón ofrecida esta vez por el traductor para excusar la ausencia de la elocuencia estilística del original no era que los conocimientos del joven príncipe la hacían superflua, sino que lo que éste necesitaba era el contenido doctrinal de la obra de Vergerio y no «a formosa ordenança das palavras». Hay que subrayar que, en ambos casos, estamos lejos del literalismo total de las traducciones bíblicas de la época o de las que preparó Enrique de Villena para ayudar a las lecturas en lengua original de Santillana.

Cualquiera que fuese el modo de traducir adoptado, la primera etapa escrita de una traducción era la «minuta» o «çeda» (borrador), preparada por el amanuense al dictado del traductor. Éste entonces lo corregía. El procedimiento se describe al pormenor en las «avisaciones» que puso Enrique de Villena a su versión de la *Eneida*. Las glosas —si a ello había lugar— eran adjuntadas en seguida, normalmente mediante la técnica del dictado, pero muchas veces por un amanuense diferente, puesto que, entre el acto de dictar la traducción y el de añadir las glosas, hubo un intervalo para la corrección del texto dictado. Si las glosas eran pocas, en contadas ocasiones el traductor mismo las añadiría de su propia mano. Hecho todo esto se escribía la copia definitiva. Hubo excepciones a este modo de proceder: Nuño de Guzmán, el traductor del compendio de la *Etica* al castellano, se disculpa en su *explicit* porque, instado con urgencia a acabar su trabajo, había pasado directamente a la fase

---

[43] *Ibid.*, pág. xiv.

final de la versión sin pasar por la etapa de una minuta. Por eso manda a sus mecenas un manuscrito que tiene unas correcciones en los márgenes, además de algunas notas puestas allí para uso del traductor y del amanuense.[44]

Cuanto más literal o más difícil de entender era la traducción, tanto más necesaria podía hacerse la glosa, un tipo de comentario muy del gusto de muchos traductores, pues ofrecía la ocasión de hacer alarde de sus propios conocimientos. Las glosas no siempre fueron añadidas en los márgenes del manuscrito: a veces se las incorporó, en forma de amplificaciones, al texto mismo, según la práctica adoptada con frecuencia por sus predecesores franceses e italianos; otras veces aparecen como un añadido (este es el método que prefirió el traductor de Vegecio al castellano) pero más frecuentemente la glosa se ponía en el margen, siguiendo la tradicional costumbre usada, por ejemplo, en los libros de derecho. La glosa se consideraba parte integral de una traducción, puesto que el carácter y estilo de ésta se veían parcialmente condicionados por el pronunciamiento en pro o en contra de glosar. La importancia que se concedía a la glosa fue referida por el Condestable de Portugal, hijo del malogrado regente, que la describe así: «asy como el ojo corporeo al cuerpo alunbra o gia (sic), asy la glosa al testo por senblante faze».[45] La adición de una glosa a un texto clásico, traducido en la época que nos interesa, debe ser vista como parte del proceso de «medievalizar» la traducción, no sólo por su forma sino también por el tipo de información o comento que dichas glosas normalmente proporcionan.

Había una característica del modo de discurrir de los prosistas de la Antigüedad que desconcertaba tanto a los latinistas como a los traductores de la última Edad Media; echaban de menos en aquéllos, sobre todo en los textos no literarios, el aparato analítico con que el escritor medieval solía facilitar el acceso del lector al texto, proveyendo éste de índices detallados, de capítulos de corta extensión mediante los cuales se subdividía el tema estudiado, de rúbricas explicativas que encabezaban cada capítulo, etc. Este proceso se llamaba *ordinatio*; con respecto a los textos latinos ha sido recientemente estudiado por M.B. Parkes.[46] Cuando la tradi-

---

[44] Russell y Pagden, *ob. cit.*, pág. 133.

[45] Condestável Dom Pedro, *Obras completas*, ed. de Luís Adâo de Fonseca, Oporto, 1975, pág. 12.

[46] M. B. Parkes, «The Influence of the Concepts of *Ordinatio* and *Compilatio* on the Development of the Book» en *Medieval Learning and Literature: Essays presented to Richard William Hunt*, ed. J.J.G. Alexander y M.T. Gibson, Oxford, 1976, págs. 115-141.

ción manuscrita medieval no había ya «ordenado» el texto clásico, nuestros traductores peninsulares o lo hacían por cuenta propia o adoptaban las adiciones de este tipo que encontraban en versiones italianas o francesas —a veces con una profusión que sorprende al estudioso moderno. Así, el ya mencionado compendio de la *Etica* de Aristóteles en castellano ofrece al lector una larga «tabla» analítica general del contenido de cada uno de los diez libros en que se divide la obra; no contento con esto, el traductor pone ante cada libro particular otra tabla en la que describe brevemente el contenido de cada capítulo del mismo; como si esto no fuera suficiente, encabeza cada capítulo una rúbrica que repite los datos ya ofrecidos en esta segunda tabla. El traductor castellano explica por qué había introducido estas novedades: Aristóteles, advierte, escribió cada libro de la *Etica* sin interrupción de principio a fin. El traductor, siguiendo en esto la forma adoptada por una de las fuentes de que disponía, había optado por «capitular» su versión en la forma descrita arriba «por que la luenga suspensión non causase fastidio en la prolixidat de las conclusiones»: es decir, el lector medieval se sentía despistado si no disponía de indicadores para guiarle paso a paso a través de los argumentos «en modo que cada materia denota diuisiblemente la substancia particular que trata».[47] Igual consideración motivó, con anterioridad, al traductor castellano de Boecio: explica éste que ha añadido semejante material al texto original «por que los títulos son claridad a la vía del proceder e no se entreponga al texto cosa agena, en comienço de cada libro se porná una relación o argumento que señale algo de lo contenido en sus versos e prosas».[48]

Como señala Parkes, el propósito de la *ordinatio* era hacer corresponder el texto clásico con el deseo del pensador medieval de ver minuciosamente analizada cada etapa de la argumentación. Pero servía también para el más prosaico fin de permitir a un lector hallar con rapidez dónde un autor discutía un tema particular que le interesaba, o dónde podía reencontrar una cita o una sentencia que necesitaba. Aunque un traductor como el Príncipe de Viana se jactaba de haber mejorado el acceso al texto de Aristóteles, añadiendo a su nueva versión de la *Etica* la *ordinatio* que faltaba en la traducción latina de Bruni, no hace falta señalar que este modo de reestructurar textos clásicos representa otro aspecto más de la «medievalización» de los mismos por parte de los traductores peninsulares.

[47] Russell y Pagden, *ob. cit.*, págs. 138 y 145.
[48] Schiff, *ob. cit.*, pág. 179. Otro ejemplo de la misma preocupación se encuentra en el prólogo de el Tostado a su *Comento de Eusebio*: «Et por que cada cosa sea más

VII

La historia de las traducciones peninsulares del siglo XV resulta, pues, asaz compleja y variada; como advertí ya a comienzos del presente estudio, es mucho más lo que falta aún por investigar, especialmente en el área concreta del cotejo de las traducciones realizadas con los textos originales. Pueden avanzarse, sin embargo, ciertas conclusiones acerca de este tema relativamente fundadas. En primer lugar, hemos de insistir en la capital trascendencia que tienen las traducciones dentro del marco cultural de los reinos hispánicos del siglo XV. Se dedican a traducir no sólo los ingenios más o menos humildes, sino también destacadas figuras de relevante talla intelectual en la época. Así, al finalizar el siglo, el lector peninsular que tan sólo conociese su propia lengua vernácula tenía ya a mano en traducciones cuantiosas obras de *auctoritates* de la Antigüedad clásica, así como de la Edad Media latina. El proceso se inició de forma sistemática en Cataluña en el siglo XIV, respondiendo a los intereses culturales de los príncipes de la Casa de Barcelona y a sus estrechos contactos con la corte francesa. Salvo contadísimas excepciones —así la muy notoria de Juan Fernández de Heredia— se trataba de retraducciones al catalán de versiones previamente existentes en francés. A finales de dicho siglo empezarían a dar frutos análogos en Castilla (pienso, por ejemplo, en Pero López de Ayala) las estrechas relaciones políticas con Francia. En comparación con Francia y con Italia, la empresa de traducir a los clásicos en romance surge en Castilla casi con un siglo de retraso, pero una vez iniciada, se prosigue con notorio ímpetu. Lo mismo puede afirmarse de Portugal, si bien aquí la obra de traducción parece haber sido casi exclusivamente resultado del mecenazgo de la casa real. Hemos de advertir también la importancia durante el siglo XV del aragonés en cuanto legítima lengua de traducción.

A fuer de tanta labor de traducir, surgieron frecuentes discusiones por parte de los traductores en torno a los problemas que planteaba la traducción, sobre todo cuando se trataba de realizar la versión romance de una obra originariamente en latín. Sin embargo, dado el tono eminentemente retórico de prólogos y dedicatorias en que van insertos dichos comentarios, no siempre resulta fácil determinar hasta qué punto tales observaciones —cuando no se

---

prestamente fallada, será esta obra de comento partida por capítulos, no solamente tantos quantos en el testo son, mas aun por más menuda divissión (*sic*) por que los capítulos no ayan de ser muy largos...» (BN Madrid, Ms. 10808, fol. 1r).

limitan a repetir tópicos de raigambre tradicional sobre la traducción— deben tomarse como reflejo genuino de la propia experiencia personal del traductor. Otro tanto hay que decir acerca de la frecuente insistencia de los traductores en que las lenguas vernáculas son incapaces de ofrecer un acceso satisfactorio tanto al contenido conceptual como al estilo de un original latino. Pero, a pesar de estas declaraciones pesimistas, es de notar su empeño en seguir traduciendo; el traductor, además, no se muestra nada reacio por lo general a dar su nombre como autor de la traducción en cuestión. Estas observaciones sin duda no pasan de simples *topoi* y su presencia no se debe necesariamente al hecho de que reflejen ni la experiencia ni el juicio del traductor que los repite. Pero los consagrados clichés cuando expresan un juicio intelectual, suelen guardar cierta conexión con las opiniones de la sociedad que los patrocina. Aun en el caso de que el traductor que los usa no los tome muy en serio, contribuyen a definir, con todo, una actitud ante los problemas de la traducción que todavía contaba con sus partidarios.

Una cosa resulta evidente. En lo que se refiere a la teoría de la traducción, los traductores peninsulares siguen por completo bajo la estrecha dependencia de las viejas doctrinas de San Jerónimo. Como ya hemos visto, el comentario de el Tostado a las ideas del santo sobre el tema, por interesante que sea, jamás llega a poner en tela de juicio el pensamiento básico de éste. A pesar de los estrechos contactos que existían entre traductores peninsulares y humanistas florentinos, no hallo huella alguna de que tratados innovadores como el *De interpretatione recta* de Leonardo Bruni (hacia 1426), o el trabajo del mismo título de Giannozo Manetti (hacia 1455-1456), llegasen a conocimiento de nuestros traductores[49]. Cuando éstos dirigen su mirada hacia Italia, no es en busca de nuevos principios teóricos, sino porque saben que allí circulan ya versiones italianas de los autores de la Antigüedad, que les sería útil consultar al emprender ellos mismos su tarea en la Península. Podría suponerse, en principio, que este procedimiento debería contribuir a divulgar en la Península —aunque fuera de forma implícita— las nuevas normas humanísticas de cómo se debía traducir. Pero está fuera de

---

[49] A las obras citadas en la nota 20 pueden añadirse al respecto las de Giam Mario ANSELMI, *Umanisti, storici e traductori*, Bologna, 1981 y de Jerrold E. SIEGEL, *Rhetoric and Philosophy in Renaissance Humanism*, Princeton, New Jersey, 1968 (especialmente los capítulos IV, VI y VII); en estos dos últimos capítulos intenta Siegel esclarecer la relación entre la retórica medieval y la retórica humanista. Ottavio DI CAMILLO, *El humanismo castellano del siglo XV*, Valencia, 1976, págs. 203-226, ofrece un resumen útil de la polémica entre Bruni y Alonso de Cartagena acerca de la traducción de las obras filosóficas, aunque sin añadir nuevas perspectivas a este tema.

duda que el tradicionalismo al que se aferraban los traductores ibéricos, contadas excepciones, quedaba sano y salvo de estos contactos, en parte sin duda porque los traductores solían acudir al original latino como texto base, utilizando la versión italiana para resolver problemas de interpretación. A falta de un análisis específico del problema en cuestión, no resulta posible afirmar con seguridad si el tener a mano una traducción italiana llevaba al traductor peninsular a servirse de italianismos en su propia versión de un escritor latino, pero un examen superficial sugiere que tales préstamos no eran frecuentes. El traductor peninsular, por lo general, considera que su papel es el de facilitar a los laicos el acceso al clasicismo medieval, y no pretende poner a éstos en contacto directo con las ideas innovadoras provenientes de Italia. Como es de sobra conocido, tal postura no era peculiar tan solo de la Península Ibérica; constituía la norma adoptada en todos los países, con la única excepción de Italia, durante el siglo XV. De ahí, por ejemplo, que traductores portugueses de la talla de Vasco de Lucena y su hermano, pudieran sin trabas cambiar de nacionalidad y convertirse en distinguidos traductores del latín al francés en la corte de Borgoña[50].

Ante las cuantiosas traducciones peninsulares del Cuatrocientos consideradas en su conjunto salta a la vista también la variedad lingüística y de estilo que presentan. No hay que dejarse engañar por el hecho de que los traductores suelen hablar en sus prólogos como si se hallaran ante el dilema de escoger entre dos métodos contrapuestos de traducción —*ad verbum* o *ad sententiam*. En la práctica, el traductor peninsular, al igual que sus colegas franceses o italianos, suele adoptar una postura empírica ante los dos métodos establecidos por San Jerónimo. Tal actitud la explica el Príncipe de

---

[50] Un tal Fernando de Lucena, probablemente el hermano de Vasco, tradujo del castellano al francés *El triunfo de las donas* de Juan Rodríguez del Padrón. Se trata, desde luego, de portugueses asociados a la corte de Borgoña en tiempos de la duquesa Doña Isabel de Portugal. Vasco (n. hacia 1435) es probablemente el traductor al portugués de *Li fet des Romains (Vida e feitos de Julio César)* —antes de 1466— y a él se debe en 1468 la primera traducción al francés de Quinto Curcio, *Gesta Alexandri Magni* y, más notablemente, una versión francesa de la *Ciropedia* de Xenofonte (a partir de la traducción latina de Poggio Bracciolini). Vasco propugna de modo excepcional y en la medida de lo posible el literalismo. A propósito de su versión de Jenofonte afirma: «*me suis pené de le translater le plus entier et pres du latin que j'ay peu... En aucuns lieux je n'ay peu translater clause à clause ne mot à mot, obstant la difficulté et briefté du latin*». Danielle GALLET-GUERNE, *Vasque de Lucène et la Cyropédie à la cour de Bourgogne* (1470), Ginebra, 1974, pág. 121). Sin embargo, como advierte la autora, la predilección de Vasco por la fidelidad literal no le lleva a favorecer la introducción de calcos latinos; véase también Alvaro J. de Costa Pimpâo, *Idade média*, Coimbra, 1959², págs. 305-307.

Viana al traducir la versión latina de Bruni de la *Etica* de Aristóteles: «aquellas palabras que claras son (en el latín de Bruni) en otras tantas de nuestro vulgar, y propias, convertí; mas, donde la sentencia vi ser cumplidera, por cierto, señor, de aquella usé»[51]. Esto mismo hubieran podido afirmar de sus respectivas versiones la mayoría de los traductores mencionados en el presente estudio.

VIII

Aunque relativamente escasas en número, merecen atención especial las traducciones de índole manifiestamente latinizante que aparecieron en la Península durante el siglo XV. Entre éstas resulta de mayor interés la versión de la *Eneida*, que tradujo Enrique de Villena a instancias de Juan de Navarra en 1427-1428, así como la de la *Ilias latina* realizada por Juan de Mena hacia 1442. Al traducir la obra virgiliana, Villena se sitúa de espaldas por completo a la norma de que el traductor debería atenerse al «común fablar», teoría sostenida por él en *Los doce trabajos de Hércules* una década antes. Ambas obras han merecido ya valiosos estudios a causa de su excepcional interés literario; esto permite abordar su discusión de modo autorizado, si bien a ellos remito al lector deseoso de estudiarlos en detalle[52]. Como señalé arriba, el afán de Villena por

---

[51] Carlos, Príncipe de Viana, *La philosophia moral del Aristotel... es a saber Ethicas...*, Zaragoza, 1509, fol. a ij *v*.

[52] Para la *Eneida* traducida en parte por Enrique de Villena, véase Ramón Santiago Lacuesta, *La primera versión castellana de la «Eneida», de Virgilio*, BRAE, anejo XXXVIII (Madrid, 1979); *idem.*, «Sobre los manuscritos y la traducción de la "Eneida" de Virgilio hecha por Enrique de Villena», *Filología Moderna*, XI (1970-1971), págs. 297-311. El prólogo de Derek C. Carr a su edición crítica de Enrique de Villena, *Tratado de la consolación*, Madrid, 1976, proporciona datos importantes relativos a la traducción de la *Eneida*, sobre todo aquéllos que se refieren a la influencia de las *artes dictaminis* y los tratados retóricos medievales en general sobre el estilo de la traducción. Para Mena y la *Ilias latina* véase María R.ª Lida de Malkiel, *Juan de Mena*, México, 1950, *passim*. Juan de Mena, *La Ylíada en romance*, ed. de Martín de Riquer, Barcelona, 1949, permite cotejar el texto entero de la *Ilias latina* con la versión de Mena. Sigue siendo todavía indispensable el antiguo artículo de A. Morel-Fatio, «Les deux *Omero* castillans», *Romania*, XXV (1896), págs. 111-129; se trata también en este artículo de la traducción al castellano realizada por Pedro González de Mendoza de la versión parcial en prosa latina del poema de Homero escrita por Pier Candido Decembri hacia 1442 y dedicada por el humanista italiano, a instancias de Alfonso de Cartagena, a Juan II de Castilla (British Library, Additional

justificar y explicar su peculiar modo de traducir la *Eneida*, le lleva a redactar una discusión preliminar sobre el tema que se inspira (mucho más de lo que era la norma) en su propia experiencia personal de traductor. Cosa curiosa: al contrario de lo que cabría esperarse, el ejemplo más acusado de una traducción latinizante es también el más temprano, el de Villena. Este escritor, que mantenía asiduas relaciones con los libreros de Florencia, donde decía que abundaban manuscritos de las obras virgilianas, condenaba sin cesar la traducción compendiada de la *Eneida* que circulaba en Italia (posiblemente se refería a la de Andrea Lancia, de comienzos del siglo XIV), así como las que circulaban en francés y catalán[53]. Declaraba asimismo ser el primero en traducir íntegramente la *Eneida* en un pasaje que vale la pena recordar no sólo por su estilo, sino también como reflejo de las intenciones de Villena en calidad de traductor de Virgilio:

> E, maguer algunos provaron trasladar la presente memoranda *Eneyda* en la ytálica lengua, fiziéronlo menguadamente, dexando muchas fiçiones e exclamaciones e razonamientos que supérfluos reputaron quanto al entendimiento ystorial. Empero, fasta la presente hora, non ha paresçido quien su ymagen representase de palabra a palabra, el conçebido entendimiento transferiendo en alguna de las vulgadas lenguas segund aquí fize en la castellana... por que llegase a vuestra real notiçia, quanto posíbile fue, la plazible texedura en el original latino contenida por la trujamana lengua patrial vuestra... guardando lo que suso dixe e la conveniençia que aquellas lenguas castellana e latina padesçen[54].

Estas afirmaciones de Villena, sin embargo, no constituyen indicio alguno de un nuevo modo de apreciar el texto de Virgilio. Aunque habla, por ejemplo, de los «angélicos concebimientos virgilianos», no es porque piense en el valor estético del discurso del poeta entendido *ad litteram*, sino —como él mismo añade de modo

---

Manuscripts, 21245). Pedro González, en carta a su padre sobre este asunto, recuerda la opinión de San Jerónimo sobre la dificultad de traducir a Homero del griego y alude, sin comentarla, a la «pequeña e breve suma de aqueste Homero, de latyn singularmente interpretada a nuestros vulgares» por Mena (Morel-Fatio, *ob. cit.*, pág. 128). La versión de Mena fue publicada por Brocar (Valladolid, 1519); ésta es la utilizada por Riquer (Barcelona, 1949). Véase también SCHIFF, *ob. cit.*, págs. 2-7, 452-453.

[53] Ed. de Santiago Lacuesta, pág. 43. En la glosa correspondiente especifica: «e otros del ytaliano en francés e en catalán la tornaron, ansi menguada commo estaua en el ytaliano, pero nunca alguno fasta agora la sacó del mesmo latýn, syn menguar ende alguna cosa» (*ob. cit.*, pág. 11, pero aquí con ligera modernización ortográfica).

[54] *Ibid.*, 43 (con ligera modernización ortográfica). De todos los traductores castellanos del latín, Villena es el que más ampliamente discute sus problemas y defiende su traducción en el material preliminar anejo a ésta.

tajante— en el «fruto de la doctrina latente en el artificioso decir» que se descubre al descorrer el «velo artificioso», o sea, «la corteza literal».

Los últimos estudios aparecidos acerca de esta versión de la *Eneida* avalan con creces las intuiciones de los críticos precedentes acerca de la incompetencia de Villena en el latín. Aun habida cuenta de que no se ha fijado la situación textual del manuscrito latino por él utilizado, y a pesar de los inevitables estragos de los copistas, salta a la vista que su traducción se halla plagada de errores como consecuencia de la incomprensión del traductor. Nada convence, por otra parte, la sugerencia de que Villena fuera más profundo latinista de lo que nos permite entrever esta traducción (se explican los errores que contiene por la prisa a que se vio sometido); por el contrario, muchos de los fallos delatan una incomprensión básica de pasajes cruciales en el texto virgiliano. A fin de que el lector compruebe por sí mismo el sabor de Virgilio traducido por Villena, transcribo los versos iniciales del Libro I tal como él los prosifica. Adviértese de paso cómo somete el original al proceso de la *ordinatio* descrito en páginas anteriores del presente estudio, dividiéndolo en «capítulos», valiéndose a modo de prólogo de una rúbrica en que sintetiza el contendio del mismo:

Capítulo primero: commo del linagge de Eneas salieron los fundadores de Alba e de Roma.

Yo, Virgilio, en versos cuento los fechos de armas e las virtudes de aquel varón que, partido de la troyana región e çibdat, fuydizo venó primero, por fatal ynfluencia, a las de Ytalia partes, a los puertos, siquiere riberas o fines, del regno del Lavina, por muchas tierras e mares aquel trabajado, siquiere traýdo afanosamente por la fuerça de los dioses, mayormente por la yra recordante de la cruel Juno. El qual pasó muchos peligros e padesçió grandes afruentas en batallas en tanto que se disponía la hedificación de la romana çibdat e se introduzía la religión de los dioses en Ytalia, de cuya generación desçendió el linagge latino e los padres albanos e los fundadores de los altos muros de Roma.

¡O musa, siquiere sçiencia!, recuérdame las causas, siquiere ocasión, por qué la divinidat fue ofendida, qué te inclinó, siquiere movió, doliendo a tí, Juno, reyna de los dioses, traer o bolver por tanctos casos el varón de ynsigna piedat, e tantos annader trabajos a él. ¿E pueden las çelestiales intelligencias, siquiere los celestiales moradores, tanctas conçebir yras?[55].

[55] *Ibid.*, págs. 46-47. Para que el lector pueda cotejar por sí mismo el texto de Villena con el de Virgilio, transcribo a continuación los versos de Virgilio:

Sería absurdo emitir juicios de valor, sometiendo a criterios anacrónicos este intento cuatrocentista de un magnate aficionado a las letras de traducir el famoso poema virgiliano al castellano. Pero aun sirviéndonos como de piedra de toque de los mismos criterios que el propio Villena usa en el extenso material preliminar que antepuso a su traducción, el desacierto es obvio. Además de los sencillos errores de interpretación y de las evasiones, se advierte que Villena, al prosificar la obra de Virgilio, se consideraba, al parecer, exento de reflejar en romance los especiales efectos formales de los versos virgilianos. ¿Cómo pudo este asiduo estudioso y traductor de Dante llegar a la conclusión de que bastaba traducir las famosísimas palabras iniciales *arma virumque cano* por «Yo, Virgilio, en versos cuento los fechos de armas e las virtudes de aquél varón...?». Cierto es que, aunque asegura al lector que la suya es una traducción *ad verbum*, muchas veces se aleja del modo indicado del texto latino, y los que a primera vista parecen calcos derivados del latín, se muestran al fin como latinismos espurios forjados por el mismo traductor. Afean por doquier el texto de Villena las explicaciones entreveradas a cada paso por el traductor mediante la conjunción *siquiere*. Por lo que se refiere a la lengua de la traducción en general, no puedo eludir el juicio de Santiago Lacuesta de que se trata de un modelo híbrido, falto de coherencia lingüística y alejado de la lengua común por la acumulación de esquemas sintácticos peculiares y léxico culto. Se halla Villena lejos de acatar lo que poco después definirá El Tostado como «la condición propia del habla de cada lengua», y que tanto pesa en la actitud con que los humanistas italianos se acercan al problema de la traducción. Así, el fracaso de Villena como traductor de Virgilio no puede achacarse tan sólo al hecho de que aborda la *Eneida* desde una perspectiva puramente medieval. Hay también fallos personales de capacidad, de sensibilidad lingüística y literaria y de autocrítica. La versión de Villena atrae la atención y el interés hoy en día por ser —como el traductor mismo proclamó— el primer intento de traducir el texto completo

---

Arma uirumque cano, Troiae qui primus ab oris
Italiam fato profugus Lauiniaque uenit
litora, multum ille et terris iactatus et alto
ui superum, saeuae memorem Iunonis ob iram,
multa quoque et bello passus, dum conderet urbem
inferretque deos Latio; genus unde Latinum
Albanique patris atque altae moenia Romae.
Musa, mihi causas memora, quo numine laeso
quidue dolens regina deum tot uoluere casus
insignem pietate uirum, tot adire labores
impulerit. Tantaene animis caelestibus irae?

del poema a una lengua vernácula. Pero nada tiene que ver en el presente caso la prioridad de Villena con el mérito del resultado obtenido, ni creo tampoco que pueda exculparse a Villena de su escaso éxito alegando que no hacía sino ajustarse a «lo que fue la moda lingüística típica del siglo XV: la latinización»[56]. Ya hemos visto anteriormente que la abrumadora latinización —tal como la practica Villena en su versión de la *Eneida*— no es la característica principal de la mayoría de los traductores peninsulares anteriores o posteriores a él. Acertó Villena al afirmar que al traducir al castellano, aunque fuera en prosa, la obra de uno de los mayores poeta de la Antigüedad, se hacía necesario el empleo de recursos estilísticos distintos de los que servían para verter la obra de un prosista antiguo. Erró, sin embargo, al creer que la solución residía pura y simplemente en latinizar la lengua vernácula al traducir.

Juan de Mena, traductor de la *Ilias latina*, rehuye por lo general el abuso de fórmulas sintácticas de tipo latinizante tan características, por otra parte, de su propia poesía original. Para demostrarlo, basta citar el primer pasaje de su versión del poema donde, al lado de una serie de cultismos léxicos y alusiones oscuras, se advierte que el traductor, por lo general, se atiene a las normas sintácticas de la lengua usual.

> Divinal musa, canta comigo la yra del sobervio fijo de Peleo, el qual traxo mortajas tristes a los miserables griegos, y asý mesmo dio al infernal Huerco las ánimas fuertes de los señores, trayendo los mienbros syn sangre de aquéllos a los rostros de las abes ladrantes, y los sus huesos al logar sin sepultura. Aquesto fazía la sentencia del sumo rrey, después que el esceptrogerio Atrides senbró por ánimo discorde questiones de guerra a bueltas con Achiles, claro por batalla. ¿Quál dios fue aquél que mandó a aquéstos contender en yra triste? ¿Qual dios ynplicó los cuerpos de los griegos de grave mal murbundo y pestilençial?[57].

Me permito poner en tela de juicio la sugerencia de María Rosa Lida cuando afirma que, para los lectores contemporáneos de Mena el estilo de esta obra resultaba «claro, rápido y sencillo» (*ob. cit.* pág. 141), pero, de todos modos, no tenían que luchar para desentrañar el significado de una sintaxis intrusa. Mucho más importante es lo siguiente: si comparamos el modo cómo manipula Mena el texto homérico latino con la versión de Virgilio de Villena una cosa salta a la vista; Mena, a pesar de que traduce un texto

---

[56] R. SANTIAGO LACUESTA, «Sobre los manuscritos...», pág. 307.
[57] M.ª R. LIDA DE MALKIEL, *ob. cit.*, pág. 139.

abreviado que condensa en unos dos mil hexámetros latinos el original griego de Homero, consigue preservar en su prosa el tono poético de su fuente, tono éste casi ausente por completo de la traducción de Villena.

A ninguna de ambas versiones latinizantes, sin embargo, puede considerársela como traducción en la acepción estricta usual del término. Se trata más bien de versiones del latín sólo inteligibles para quienes ya dominaban esta lengua de antemano. Preconizan una renovación y reestructuración de la lengua literaria (o, cuando menos, de la lengua poética) a base del latín, renovación que a la larga no prosperó, ya porque iba en contra de la idiosincrasia del romance castellano, ya porque los partidarios de la renovación, al contrario de sus contemporáneos italianos, no eran capaces de poner freno a su celo latinizante. De ahí la contradicción patente en las traducciones poéticas de Villena y de Mena: movidos por el prurito de ennoblecer debidamente la expresión de éstas, se ven obligados, para hacerlas inteligibles al lector, a agregar al texto del autor original apostillas y glosas explicativas que en forma parasitaria estropeaban aún más la expresión poética traducida. ¿Cómo no vieron estos dos admiradores de la poesía clásica de la Antigüedad la contradicción que entrañaba su postura? La explicación ha de buscarse en el criterio medieval con que ambos traductores se aproximan a la poesía y que Villena explica detalladamente al presentar su traducción de la *Eneida* a Juan II de Navarra: la expresión poética en sí resulta, a fin de cuentas, un factor puramente secundario; lo que importa es dejar a la vista con exactitud el fruto doctrinal que se esconde bajo la corteza literal[58].

IX

Al declinar el siglo XV, aunque había quienes con Alfonso de Palencia sostenían —así lo manifestaban al menos— que no era posible traducir del latín al romance de modo satisfactorio, se halla cada vez menos en la pluma de los traductores el *topos* del menosprecio de la lengua romance; ya a comienzos del siglo XVI

[58] R. SANTIAGO LACUESTA, *La primera versión...*, pág. 14. Una gran parte del material introductorio de Villena se dedica a insistir en que la obra «es llena de fructuosa doctrina si el leedor supiere prescrutar el poethal intento» (pág. 40).

dicho lugar común ha desaparecido casi por completo. Así, en 1510, publica Francisco de Madrid su versión del *De remediis* de Petrarca[59]. Aunque este traductor aseguraba que su teoría y métodos de traducción eran los establecidos por San Jerónimo, los interpreta de forma bastante distinta a como lo habían hecho sus predecesores. Su prólogo dista mucho de llamar la atención sobre lo inadecuado de la lengua vernácula como instrumento válido para traducir del latín; es más, contrapone ahora con orgullo «la claridad de nuestro romance» a la oscuridad de aquél. Según él, su versión de Petrarca ha de ser fiel al original a la par que exenta de cualquier rasgo lingüístico que pudiese despistar al lector laico («Fue... mi intención romançarle por manera que fuesse muy poco menester a los que el libro leyesen, ser primero latinos» fol. A ij *r*). Explica Francisco de Madrid las normas a que se ha ceñido para conseguir este fin. No es cuestión, en efecto, de mantenerse en equilibrio entre la versión *ad litteram* y la versión *ad sententiam*, según la receta del Príncipe de Viana, porque tal manera de proceder desemboca en la oscuridad de la traducción. Por idéntica razón, se excluyen los latinismos. Es necesario remodelar el texto de Petrarca hasta que corresponda a las normas del discurso castellano. Rechaza este traductor, de este modo, tachándolas de palabras perdidas, las series sinonímicas tan del gusto de Petrarca en el *De remediis*, así como de los manuales de retórica medievales. Así, conservará tan sólo aquellas palabras que, a su juicio, sirven en tales casos realmente para aclarar o matizar el pensamiento. Otras veces, en cambio, añade por su cuenta vocablos para que, según exige la lengua vernácula, «las sentencias vayan encadenadas», es decir, incorpora a su versión conjunciones y otras formas verbales que, ausentes en el texto latino, considera necesarias para que fluya debidamente el discurso según las normas del castellano. El resultado es una traducción fiel, mas también variada, viva y flexible, a la vez que poco distanciada de la lengua común.

Poco después hubo de plantearse un nuevo problema a los traductores hispánicos: ¿cómo traducir del latín las obras doctrinales de Erasmo? En el presente caso, un requisito imprescindible lo constituía el hecho de que los escritos del humanista holandés, dirigidos en latín a un público culto, fuesen traducidos de forma que quedaran al alcance de lectores españoles profanos que sólo se interesaban por Erasmo como maestro religioso. Con este propósito, como apuntó hace años Dámaso Alonso, los traductores

---

[59] Véase P. E. RUSSELL, «Francisco de Madrid y su traducción del *De remediis* de Petrarca», *Estudios sobre literatura y arte dedicados al profesor Emilio Orozco Díaz*, III (Granada, 1979), págs. 203-220.

hispánicos de Erasmo «despaganizan» el texto, despojándolo de toda cita o alusión netamente humanista[60]. La más difundida versión de Erasmo al castellano —*El enquiridión o manual del caballero cristiano*, de 1526—, ofrece un ejemplo notable de semejante modo de proceder; para atraer a sus lectores, el traductor, Alonso Fernández de Madrid, arcediano de Alcor, recurre al lenguaje de los predicadores y de los libros de devoción populares, alterando, por consiguiente, de modo radical, el tono estilístico del original. Aún más, inserta prolijas amplificaciones para explicar y a veces también para modificar el pensamiento erasmista. No duda tampoco en omitir pasajes del original latino, porque no los juzga convenientes para un lector hispánico. Alonso Fernández, en su «Exortación al lector», se escuda en las citas de San Jerónimo; afirma que la suya es una versión *ad sententiam*, en la que intentó «declarar bien el sentido». Pero, en realidad, *El enquiridión* castellano se permite tantas libertades con el texto original que dista mucho de ser lo que hoy llamaríamos una traducción[61]. Tampoco sería fácil —creo yo— hallar ninguna traducción peninsular del Cuatrocientos en que el texto original fuese refundido de modo tan radical como lo hizo Alonso Fernández. A pesar de todos sus errores de interpretación lingüística y conceptual y los acervos de comentarios y glosas explicativas, los traductores cuya obra hemos ido estudiando se consideran en la obligación de respetar lo más fielmente posible el pensamiento del autor (*sententia*) que traducen. A veces esta obligación se formula de modo explícito, como cuando Alfonso de Palencia, al dedicar a Fernando de Guzmán, Comendador de Calatrava, la propia versión castellana de una obra suya originariamente compuesta en latín, invita al Comendador, como buen latinista, a que verifique, comparando los dos textos «si en algo se desviava la traslación vulgar del enxemplar latino»[62]. La exigencia de que el traductor se esfuerce ante todo por respetar el sentido original de la

[60] ERASMO, *El enquiridion o manual del caballero cristiano y La paráclesis o exhortación al estudio de las letras divinas*, ed. de Dámaso Alonso, Madrid, 1932, pág. 440.

[61] *Ibid.*, págs. 495-496. No creo, sin embargo, que sea exacta la sugerencia de que la manera de traducir el arcediano de Alcor a Erasmo responde «a toda una teoría sobre el modo de traducir». El hecho de que se ponga bajo el amparo de San Jerónimo y las teorías del santo no autorizan en modo alguno las libertades que Alonso Fernández de Madrid se permite con respecto al significado del texto de Erasmo.

[62] *Prosistas castellanos del siglo XV*, ed. de Mario Penna, *BAE*, 116, I, Madrid, 1959, pág. 344. El título del original latino de Palencia es exactamente *De perfectione militaris triumphi*, terminado en 1459. La traducción se publicó s.l. ni a., pero se la considera incunable sevillano de hacia 1490; el texto se halla publicado también en *Dos tratados de Alfonso de Palencia*, ed. de Antonio M. Fabié, Libros de antaño, Madrid, 1876.

obra que traduce es presupuesto constante en el *Comento de Eusebio* del Tostado; la misma convicción origina la conocida disputa de Alfonso de Cartagena con Leonardo Bruni acerca de cómo se debía traducir a Aristóteles. Creo, pues, que constituiría un grave error suponer que la actitud del Arcediano del Alcor hacia el texto latino del *Enquiridión* representa una postura típica de los traductores peninsulares de su tiempo, o de la época anterior. Es verdad que una cita de Juan de Valdés parece, a primera vista, confirmar semejante sugerencia; como es sabido, Valdés tenía la traducción del arcediano por una de las escasas traducciones al castellano que, a su juicio «pueden competir con el latino quanto al estilo»[63]. Pero en este caso, las simpatías ideológicas de Valdes prevalecieron evidentemente sobre su sentido crítico. Todo lo admirable que se quiera, la prosa de Alonso Fernández de Madrid se halla distante por completo del latín humanista de Erasmo. La verdad es que las traducciones de Erasmo al castellano no son típicas de su época debido a que, en este caso, los traductores tenían por razones de fuerza mayor y de prudencia que modificar tanto el estilo como el pensamiento de los originales.

El hecho de que Alonso Fernández intente sugerir que sigue las doctrinas de San Jerónimo, al presentar al lector de Erasmo una traducción de Erasmo *ad sententiam* o *ad sensum,* no está desprovisto de interés, porque sirve para recordarnos que, si bien los traductores peninsulares no se cansan de citar aquellas palabras del santo para justificar su peculiar modo de traducir del latín a la lengua vernácula, muy poca atención dedican a definir o a discutir lo que entienden por ellas. Alfonso de Cartagena y el Tostado, los dos únicos traductores de la Península que se asoman al problema, apenas profundizan en él. No se registran intentos en la Península de replantear la cuestión a fondo, al modo de algunos humanistas italianos como el mismo Bruni y Giannozzo Manetti, quienes no sólo trataban de explicar cómo, en manos de un traductor, la retórica ciceroniana podía servir para reforzar y apoyar el intento de comunicar el sentido original de un texto traducido, sino que también insistían en que, para estar seguros de que el traductor había logrado penetrar ese sentido, hacía falta que éste tuviese un dominio completo de la filología clásica[64]. Aunque a veces el

[63] Juan DE VALDÉS, *Diálogo de la lengua,* ed. de Juan M. Lope Blanch, Madrid, 1969, pág. 166.

[64] La teoría humanista de la traducción se halla admirablemente recogida en estas palabras de Leonardo Bruni. El traductor:

Ut enim ii, qui ad exemplum picturae picturam aliam pingunt, figuram et statum et ingressum et totius corporis formam inde assumunt nec quid ipsi facerent, sed, quid

Tostado da muestras de estar a punto de ver las cosas de esta forma, el peso que sobre él ejercen las actitudes del escolasticismo ante los problemas lingüísticos sigue siendo demasiado fuerte para que las abandone.

Aunque es inaceptable el juicio de Juan de Valdés sobre el estilo de la traducción del *Enchiridion* al castellano, no sucede lo mismo con otras observaciones que formula Valdés sobre el tema, y que indican la rapidez con que, por los años 1530, se fueron superando las ideas y los valores de los traductores del siglo anterior. La fuente de estas novedades se halla, sin duda, en las discusiones que había oído Valdés en Italia acerca de la perenne *questione della lingua*. Así intenta el secretario de Carlos V definir en serio lo que es la índole de su lengua materna. Asegura que es más difícil «dar buen lustre» a una obra que se traduce al castellano que a cualquier otro idioma. La clave de tal dificultad estriba en el hecho de que «la gracia y gentileza» del castellano depende de su hábito de «hablar por metáforas». Otros comentaristas advierten esta característica del castellano. Valdés, desde luego, incluía los refranes en su definición de metáfora. Insiste el autor del *Diálogo* en que, a menos que el traductor dedique la debida atención a este fenómeno, su versión resultará estilísticamente inaceptable. Debe, además, tomar las debidas precauciones para evitar que las normas lingüísticas propias del idioma de que traduce se delaten en la versión traducida; en cualquier traducción, el criterio del traductor ha de ser el de emplear los mismos modos de expresarse que habría empleado «scriviendo de su cabeça», o sea, componiendo una obra original. Como es de sobra conocido, Valdés, al igual que Garcilaso de la Vega, es enemigo de la afectación. Pero también refleja esta nueva insistencia en la elegancia como rasgo esencial del buen estilo que encontramos, ahora con frecuencia, a principios de siglo XVI. Recuerdo las palabras de Alonso Ruiz de Virués, uno de los traductores de los *Colloquia* de Erasmo, quien, por estos mismos años, declaraba que una traducción debía resultar «tan graciosa, clara y elegante en la lengua en que se saca, como era en la lengua en que primero estaba»[65]. Esta

---

alter ille fecerit, meditantur; sic in traductionibus interpres quidem optimus sese in primum scribendi auctorem tota mente et animo et voluntate convertet et quodammodo transformabit eiusque orationis figuram, statum, ingressum coloremque et lineamenta cuncta exprimere meditabitur (*De intrerpretatione recta*, citado en Norton, *art. cit.*, pág. 188, nota 52).

[65] Paul J. DONNELLY, *A Study of Spanish Translations of Erasmus's «Colloquia» (1525-1536), with Special Reference to the Translations of Alonso Ruiz de Virués: together with a Critical Edition of the Versions of «Uxor mempsigamos», «Funus», and Part of «Convivium religiosum»* (tesis doctoral de la Universidad de Oxford, octubre, 1979), I, pág. 70. El capítulo IV de la primera parte de esta tesis, todavía inédita, ofrece

preocupación por la elegancia estilística de una traducción refleja sin duda la influencia italiana: puede contrastarse con las teorías de un Alfonso de Cartagena o de el Tostado para quienes, si no menospreciaban el papel de la elocuencia y la «fermosura de las palabras» en una traducción, en el caso de un conflicto entre sentido y hermosura formal, siempre se debía sacrificar ésta a favor de aquél.

A pesar de la evidente tendencia, desde principios del siglo XVI, a enjuiciar de modo hostil la labor de los traductores cuatrocentistas, bastantes traducciones de dicha época continuaban apareciendo en forma impresa durante los dos primeros decenios del Quinientos. Así, un Boscán podía afirmar que, a su juicio, el trabajo de los «romancistas» (los traductores del latín) carecía de valor, pero mientras los impresores no dispusiesen de nuevas versiones de las *auctoritates* clásicas, no tenían más remedio que continuar editando las antiguas. Un hecho que contribuía indudablemente a la relegación progresiva de estas obras a la categoría de testimonios más o menos primitivos de un clasicismo balbuciente y anticuado, fue la ya referida aparición en 1534 de la famosa traducción al castellano de *Il Cortegiano* (*El Cortesano*) de Baltasar de Castiglione, obra traducida por Juan Boscán a instancias de Garcilaso de la Vega. Como manifiestan sendas cartas introductorias de Boscán y Garcilaso, el motivo de la traducción no era solamente poner en manos de los lectores españoles una de las más leídas e influyentes obras profanas del Renacimiento italiano; ambos escritores creían, además, que la traducción en sí debía ser considerada como un modelo del buen traducir al castellano, y ello no sólo del italiano, sino de cualquier otra lengua. Con esta finalidad, Garcilaso acumulaba observaciones acerca de las características de la traducción. Boscán —venía a decir— se mostraba en ella como un muy fiel traductor, pero sin esclavizarse al «rigor de la letra». Aún traduciendo *ad sententiam* había conseguido por diferentes caminos reproducir en castellano «toda la fuerza y ordenamiento» del texto italiano. Junto con esta fidelidad textual corría pareja la «gran limpieza de estilo», que se debía al empleo por parte del traductor de «términos muy cortesanos y muy admitidos de los buenos oýdos, y no nuevos, ni al parecer desusados de la gente»[66]. Cristalizó de este modo algo de lo que hasta entonces se carecía: una norma lingüística a cuya pauta deberían someterse los futuros traductores de cualquier obra extranjera. Pero la importancia de la traducción de Boscán no se limita

---

un estudio interesante de la teoría y práctica de los traductores de los *Coloquios* de Erasmo.

[66] B. CASTIGLIONE, *El cortesano: traducción de Juan Boscán*, RFE, anejo XXV, Madrid, 1942, pág. 10.

tan sólo a su papel de función paradigmática: por medio de las extensas discusiones acerca de la lingüística que abarcan cuatro capítulos del Libro I de la obra de Castiglione, se divulgaban en España las ideas renacentistas sobre este tema, no sólo en lo reducidos círculos de eruditos profesionales, sino también entre los lectores laicos. No por otra causa —ni por puro azar, a mi entender— hacia los años 1530-1540, los impresores de libros dejan finalmente de mostrar interés hacia las traducciones realizadas durante el Cuatrocientos; surge una nueva generación de traductores —al igual que en los países del norte europeos— que se afana por traducir a los clásicos a tenor del gusto renacentista. Con escasas excepciones, las obras sobre las que hemos centrado el interés en el presente estudio, pasaron a ser consideradas como antiguallas de museo custodiadas en los anaqueles de los descendientes los próceres bajo cuyo encargo fueron ejecutadas durante el siglo xv. Así, hacia 1560, el cuarto Duque del Infantado advierte en una carta a su hijo acerca de la famosa biblioteca de manuscritos formada por su antepasado, el Marqués de Santillana. Le explica, en efecto, que el Marqués era uno de los pocos nobles de su tiempo que juzgaba permisible dedicarse no solamente a las armas sino también a las letras, y añade, en tono de anticuario, que la sección más notable de la biblioteca la constituían las «interpretaciones o translaciones de muchas obras que de una lengua en otra por su mandato se traduzían por varones señalados»[67].

X

Como advertí en las páginas iniciales de este estudio, la carencia de un cotejo lo suficientemente amplio de las traducciones peninsulares del Cuatrocientos con sus respectivos textos originales hace necesario por fuerza otorgar carácter de provisionalidad a determinados aspectos de nuestra investigación. Podemos aducir, sin embargo, toda una serie de conclusiones seguras, además de las consignadas en la sección VII precedente. Una es que —al margen

---

[67] SCHIFF, *ob. cit.*, pág. 466. Las observaciones del Duque se hallan contenidas en el prólogo de su libro *Memorial de cosas notables* (1564). Añade, además, que «largamente se remuneraua su trabajo» a los traductores de Santillana. Ignoro si este sugestivo comentario se basaba en el examen de los libros de cuentas del Marqués.

de las traducciones bíblicas y patrísticas de las versiones en romance de las mayores *auctoritates* latinas medievales y de los tres «grandes del Trescientos italiano»—, al finalizar el siglo XV el lector profano tenía a mano un elenco bastante nutrido de autores de la Antigüedad. Incluye éste, en efecto, a Aristóteles, Platón, Homero, Plutarco, Ovidio, Virgilio, Luciano, Cicerón, Tito Livio, Quinto Curcio, Salustio, Valerio Máximo, César, Paladio, Vegecio y Frontino. En consonancia con las intrincadas divisiones políticas y lingüísticas de la Península, las obras de los autores eran asequibles con frecuencia en dos, tres o incluso cuatro idiomas o dialectos por obra de la intervención de varios traductores de origen distinto. Aunque este esfuerzo para poner a disposición de los lectores que no dominaban el latín los más importantes escritores de la Antigüedad se llevaba a cabo con notorio retraso respecto a Francia e Italia, los peninsulares se dedicaron a la tarea con celo e intensidad. Pero no hay que exagerar la envergadura de este movimiento clasicizante. Los nombres de los autores traducidos son casi exclusivamente los de aquellos que la Edad Media consideraba como suyos. Al examinar los títulos —no solamente los autores— se ve corroborada esta primera impresión: los mecenas peninsulares —según parece— demostraban un desinterés casi total hacia los autores o textos recientemente descubiertos por los humanistas. En cuanto a los orígenes del movimiento que nos interesa, la prioridad catalana y aragonesa parece fuera de toda duda y, con ella, la dependencia inicial de las versiones de los clásicos ya existentes en francés. Incluso las traducciones patrocinadas por el Gran Maestre Juan Fernández de Heredia hacia finales del siglo XIV no están libres por completo de esta dependencia, a pesar de los orígenes totalmente distintos de las más famosas de ellas[68]. Aunque el primer contacto documentado que se conoce entre un escritor de la Península y un humanista italiano lo constituye una carta de Coluccio Saluttati a Heredia hacia 1392, solicitando de éste una copia de su traducción de Plutarco del griego al aragonés, y a pesar de las estrechas relaciones políticas entre los países de la Corona de Aragón en la Península y en Italia, fueron, como luego veremos, los hombres de letras castellanas quienes, al desligarse por completo de su dependencia inicial de las traducciones francesas, establecieron relaciones individuales importantes con Florencia y con los humanistas florentinos. Por lo que a Portugal se refiere, parece que, a pesar de los

---

[68] José VIVES, *ob. cit.*, demuestra que la traducción de Tito Livio usada por Heredia fue hecha probablemente sobre la versión francesa de Pierre Bersuire (pág. 50) y que su *Flor de las historias de Orient* es traducción de la versión francesa de Nicolás Faucon (pág. 29).

esfuerzos realizados para poner a disposición del lector portugués las versiones de los autores latinos en su idioma materno, el bilingüismo de la corte portuguesa tenía el efecto de restringir la cantidad de semejantes traducciones.

La fuerza motriz que impulsa la corriente de traducciones de que nos venimos ocupando es netamente de índole regia o señorial. Reyes y nobles encargan traducciones a su costa para surtir las bibliotecas que van formando; el traductor por su parte, en gratitud a su mecenas, encomia en prólogos y dedicatorias a éste como erudito y benefactor de las letras. En Castilla, en cambio, el movimiento clasicista depende, más que de la Corona, del apoyo de contados magnates, conscientes ya de que armas y letras no deben considerarse necesariamente opuestas y deseosos de tener acceso directo en su propia lengua a la cultura clásica, tal y como ésta se entendía en la Edad Media. Los nobles no se muestran, por su parte, nada reacios a emprender por su propia mano la tarea de la traducción, o —como ocurre muy probablemente en la mayoría de los casos— a arrogarse para sí, según el uso de aquellos tiempos un mérito que, en realidad, pertenecía en estricto derecho a un miembro más humilde de su casa. Aunque el tono predominante de las traducciones es laico, eso no impide que a veces tomen parte en el trabajo los clérigos; los grandes próceres eclesiásticos como Alfonso de Cartagena prestan su ayuda, especialmente cuando se trata de un texto filosófico o moralizador; clérigos de menos categoría como el teólogo y capellán real fray Alonso de San Cristóbal, traductor de Vegecio, ponen su conocimiento del latín a disposición de la empresa de traducir. Pero, tanto si el traductor es clérigo como si no, siempre se halla consciente de que su trabajo se destina a la lectura en un ambiente laico y señoril. Existen indicios de que algunos traductores más o menos profesionales (verbigracia los empleados por el Marqués de Santillana) eran letrados de carrera y de origen converso[69].

A primera vista, todo parece indicar que este afán por traducir las grandes obras doctrinales y literarias de la Antigüedad clásica debería ofrecer una vía fácil para la penetración en la Península de las ideas de los humanistas italianos. Como ya queda anteriormente

[69] Bastantes de las traducciones pertenecientes a Santillana son anónimas; no siempre resulta fácil, por otra parte, dilucidar el parentesco de los traductores cuyos nombres conocemos —p.ej. entre el Dr. Martín de Lucena («el macabeo»), Martín González de Lucena (dr. en medicina) y el célebre Juan de Lucena, o entre Juan Alfonso de Zamora y Alfonso Gómez de Zamora, éste último «bachiller en decretos»—. Otros traductores asociados a la corte del Marqués eran Antón Zorita, Diego de Burgos, Vasco de Guzmán y, tal vez, Gregorio Rodríguez.

sentado, muy pronto en el siglo XV los traductores y sus mecenas se dan cuenta de que es en Italia, sobre todo en Florencia, donde hallarán con más facilidad los textos latinos que necesitan para su trabajo. Algunos traductores realizaban largas estancias en Italia y mantenían estrecho contacto con los más destacados representantes del humanismo italiano. Tal es el caso del mallorquín Ferran Valentí, que se proclama antiguo alumno de Leonardo Bruni, o de Nuño de Guzmán, amigo de Giannozzo Manetti. Aparte de la búsqueda en Italia de manuscritos latinos, era también costumbre que los peninsulares averiguasen si ya circulaban versiones en italiano de la obra que querían traducir a un idioma peninsular. De ser ello así, era usual que solicitasen un ejemplar útil para su tarea. En ocasiones incluso pedían que se les hiciese una traducción al italiano expresamente para servirse de ella con este fin. Estas dos últimas maneras de proceder demuestran, desde luego, una enorme desconfianza por parte de los traductores de la Península en su propia competencia como latinistas. A pesar de todos estos contactos ha de admitirse que las traducciones peninsulares mismas no delatan, por lo general, ningún influjo positivo del humanismo italiano. Como hemos visto ya, formalmente los traductores hacen todo lo posible para «medievalizar» sus traducciones y se jactan de ello. Mediante glosas, comentarios y explicaciones de toda índole se esfuerzan por colocar el texto traducido plenamente a la luz de las perspectivas consagradas del clasicismo medieval. Cuando lo que traducen es un texto poético, lo enfocan como fuente de doctrina moral, de información y de enseñanza, a la vez que alegorizan la interpretación de la parte narrativa.

No detectamos tampoco ningún indicio de que sufrieran impacto alguno los traductores de la Península de las teorías acerca de la traducción que iban formulando en Italia los humanistas como Bruni y Giannozzo Manetti. El Tostado, único entre los traductores peninsulares que, en ocasiones, en su *Comento de Eusebio* parece estar a punto de conceder a la retórica el papel básico y preponderante que éstos últimos, como los demás, le asignaban en la obra de la traducción, termina batiéndose en retirada hacia una postura meramente decorativa que los manuales medievales reclamaban para la retórica. Así, tras elogiar a Cicerón como «flor de la elocuencia latina», justifica este elogio añadiendo que «eran sus obras más pintadas de fermosura que (las) de los otros latinos»[70].

El análisis de las traducciones peninsulares del Cuatrocientos confirma plenamente, pues, el resultado de otras investigaciones

[70] Alfonso DE MADRIGAL, *ob. cit.*, fol. b ij *v*.

recientes acerca del problema de los contactos hispánicos con el humanismo italiano: el propósito de los traductores es sencillamente poner en manos de los profanos por completo del latín, o de los poco conocedores de esta lengua, los textos clásicos que formaban parte de la herencia medieval. Teniendo en cuenta la existencia de importantes contactos personales, tanto con la escena humanista en su conjunto, como con sus productos, tal reacción no puede atribuirse a la incomprensión o a la ignorancia; debe representar un rechazo intencionado de las ideas humanistas. Además, la ausencia en la Península de cualquier señal de que hubiese serios debates sobre el tema, sugiere que dichas ideas carecían de defensores allí. La distancia que mediaba en ocasiones entre la perspectiva de un traductor y la de sus contemporáneos italianos lo indican unas frases que el Infante Don Pedro de Portugal creyó conveniente escribir al dedicar al rey Don Duarte su hermano, hacia 1438, su traducción del *De officiis* de Cicerón. El príncipe, al llamar la atención del rey sobre la dificultad del texto ciceroniano, y en especial, sobre los problemas de interpretación del libro tercero de la obra, comentaba con notable despreocupación señoril:

> Y así, Señor, aunque el tomo entero puede ser considerado mal traducido, creo que (mi) versión del último libro es la peor, puesto que, en algunos lugares, aunque no muchos, yo casi escribía a la ventura, sin entender lo que el texto decía[71].

Sería injusto a todas luces finalizar este estudio dejando abierta la sospecha de que una postura tan frívola ante la tarea de traducir era la que privaba en la Península. Es posible que el mismo Don Pedro —al expresarse aparentemente con tanto desenfado— quisiera burlarse de la falsa humildad con que muchos traductores acostumbraban a presentar sus traducciones a su mecenas. Sea como fuere, la observación del príncipe portugués sirve para llamar la atención sobre lo que tal vez fue el factor decisivo en la historia de las traducciones peninsulares del latín durante el Cuatrocientos: la escasez de latinistas competentes. Como subrayaban con razón Alfonso de Cartagena y el Tostado, para traducir adecuadamente se necesitaba no sólo conocer bien la lengua latina, sino también estar familiarizado con el modo de pensar de los autores antiguos. Si escaseaban quienes supiesen latín, eran rarísimos, a su vez, quienes cumplían este segundo requisito. Por consiguiente, la labor de traducir recaía con frecuencia en manos de personas cuyos conoci-

---

[71] Ciceron, ed. cit., pág. 4.

mientos lingüísticos se limitaban estrictamente al latín medieval y aun en tal caso podían ser bastante deficientes. El hecho de que trabajaran bajo los auspicios de mecenas no sólo incapaces de enjuiciar la calidad de las traducciones, sino en su mayor parte reacios también a cualquier intento de poner en tela de juicio las perspectivas culturales medievales, conducía inevitablemente a la aceptación de versiones de mediocre o baja calidad, a la vez que impedía que la diseminación más amplia de un conocimiento de los autores antiguos tuviese todos los efectos que eran de esperar. Faltaban en la Península del Cuatrocientos las agrupaciones de hombres profesionalmente dedicados a los estudios de la Antigüedad clásica, cuya presencia en Italia, aun cuando ellos mismos no se dedicasen a la traducción, imponía a los traductores un nivel mínimo de competencia y de comprensión. No ha de infravalorarse, con todo, la importancia de la labor cuantitativamente imponente de éstos. Si los traductores no lograban renovar las perspectivas tradicionales, no se puede negar que hicieron posible notables cambios en el tono y el estilo de los escritos originales de la época. Por ejemplo, tanto en las obras doctrinales como en las literarias en lengua vernácula, los autores laicos manejan ahora con frecuencia y facilidad citas de las *auctoritates* latinas y alusiones a sus doctrinas en una forma que, en los siglos anteriores, normalmente quedaba reservada a las obras escritas en latín por clérigos. Prolifera el empleo de *exempla* extraídos de los historiadores y otros autores antiguos y de la Edad Media. Entre autores y lectores la erudición se ponía de moda. Es evidente que, gracias a las traducciones, los escritores pueden dar por supuesto un conocimiento directo (aunque «medievalizado») por parte de su público del mundo antiguo que antes no existía. Pero —según antes indiqué— creo que es un error querer atribuir a las traducciones un papel de importancia en el desarrollo del estilo latinizante que es rasgo característico de la prosa original y de la poesía del Cuatrocientos peninsular. El caso de Enrique de Villena parece probarlo. Debido a la fecha relativamente temprana de la versión de la *Eneida* de Enrique de Villena (1427-1428), se podría tal vez suponer que esta traducción influyó en la puesta de moda del nuevo estilo. Pero esto no hubo de ser así: sus primeras obras originales en este estilo preceden en varios años a su traducción de la obra de Virgilio.

No quisiera finalizar este estudio sin esta última observación: el análisis de las traducciones anteriores al siglo XVI parece demostrar cuán impropios son los términos que suelen usar los historiadores de la la literatura para referirse a ellas y al entero movimiento clasicizante del Cuatrocientos. Siendo el rasgo más notable de los traductores que hemos visto su insistencia en medievalizar los obras antiguas que manejaban y su aparente rechazo de las doctrinas básicas del humanismo italiano, sería erróneo incluir las traducciones mencionadas en la categoría de obras «prerrenacentistas» o «prehumanistas», o, lo que es peor, como «humanistas».

Nota final

Agradezco encarecidamente a mi colega y apreciado amigo José Luis Giménez-Frontín el tiempo que ha dedicado a la revisión lingüística de este texto, y las sugerencias que le debo para mejorarlo. He de expresar también mi gratitud al Dr. Jeremy Lawrence por su valiosa ayuda acerca de los problemas de la traducción que preocuparon a los escritores de la Antigüedad, así como otras apreciadas sugerencias.

Durante el largo período que por diversas razones ha ocupado la impresión de estas páginas, han aparecido o llegado a mi conocimiento varios estudios cuyos datos o interpretaciones hubieran sido útiles para mi propio trabajo. Entre ellos se cuentan, por orden cronológico, Karl Kohut, «Der Beitrag der Theologie zum Literaturbegriff in der Juans II. von Kastilien», *Romanische Forschungen*, 89, 1977, pp. 183-226; Antonio Bravo García, «Sobre las traducciones de Plutarco y de Quinto Curcio Rufo hechas por Pier Cándido Decembri y su fortuna en España», *Cuadernos de Filología Clásica*, XII, 1977, pp. 143-185; Maria Teresa Casella, *Tra Boccaccio e Petrarca, I volgarizzamenti di Tito Livio e di Valerio Massimo*, Antenore, Padova, 1982; Pedro-Manuel Cátedra, «Sobre la biblioteca del Marqués de Santillana: la *Iliada* y Pier Cándido Decembrio», *Hispanic Review*, vol. 51, núm. 1, winter 1983, pp. 23-28; Lola Badía, «Frontí i Vegeci, mestres de cavalleria en català als segles XIV i XV», *Boletín de la Real Academia de Buenas Letras de Barcelona*, XXXIX, 1983-1984, pp. 191-215 y C. J. Wittlin, ed., Pero López de Ayala, *Las décadas de Tito Livio*, Puvill, Barcelona, 1984. Debo algunas de estas referencias a mi buen amigo Francisco Rico, quien, por otro lado, en los artículos en que últimamente ha venido anticipando su próximo libro *La invención del Renacimiento en España* ofrece ya un buen número de perspectivas interesantes sobre las cuestiones que aquí he considerado.

Índice

CUADERNOS
DE TRADUCCIÓN
E INTERPRETACIÓN

QUADERNS
DE TRADUCCIÓ
I INTERPRETACIÓ

Diseño: Ismael Rodríguez

E.U.T.I.
Universidad Autónoma de Barcelona

La revista *Cuadernos de Traducción e Interpretación* pretende ayudar a colmar la laguna existente en España en el campo de los estudios de Traducción, Interpretación y Filología en general y dar a conocer las reflexiones teóricas y las experiencias prácticas de todos los que directa o indirectamente están ligados al mundo de la traducción y la interpretación.

Universidad Autónoma de Barcelona. Servicio de Publicaciones e Intercambio. Aptdo. de Correos, n.º 20. Bellaterra (Barcelona) ESPAÑA.

L'ARC

ÉDITIONS LE JAS - F - 04230 LE REVEST-SAINT-MARTIN - Tél. (92) 75.17.16

Depuis vingt-cinq ans, L'ARC réunit autour d'une figure marquante d'écrivains, de philosophes ou d'artistes, des études brèves et directement accessibles sur les principaux courants de la pensée et de l'art d'aujourd'hui. Chacun de ses numéros se veut à la fois une mise au point et une mise en question. Des documents passionnants. Une collection à suivre.

Numéros disponibles : 17 TEXTES RETROUVES — 39 BUTOR — 40 BEETHOVEN — 41 MELVILLE 44 BATAILLE — 49 DELEUZE — 50 GUTENBERG — 52 MICHELET — 57 V. HUGO — 62 ILLICH 64 LYOTARD — 65 LE ROY LADURIE — 66 BONNEFOY — 70 LA CRISE DANS LA TÊTE 71 DUMAS — 72 DUBY — 73 BACON — 74 MUSIL — 75 JANKELEVITCH — 76 PEREC 77 SCIASCIA — 78 GRODDECK — 79 FLAUBERT — 80 CORTAZAR — 81 VERDI — 82 PICASSO 83 WILHELM REICH — 84/85 W. FAULKNER — 86/87 PANAIT ISTRATI — 88 STENDHAL 89 H. JAMES — 90 BORIS VIAN — 91/92 ANARCHIES — 93 I. B. SINGER — 94 G. ORWELL.

Les numéros disponibles de la collection sont en vente chez les meilleurs libraires ou envoyés sur demande à :

L'ARC — Editions LE JAS — 04230 LE REVEST-SAINT-MARTIN (France)

Abonnements pour six numéros: France 200 F — Étranger 225 FF.

Diffusion: France : Le Nouveau Quartier Latin, 78, Bd St-Michel — 75006 PARIS
Benelux : Nord-Sud, 74, rue Lesbroussard — 1050 BRUXELLES
Suisse : L'Age d'Homme, La Cité - Métropole 10 — 1003 LAUSANNE

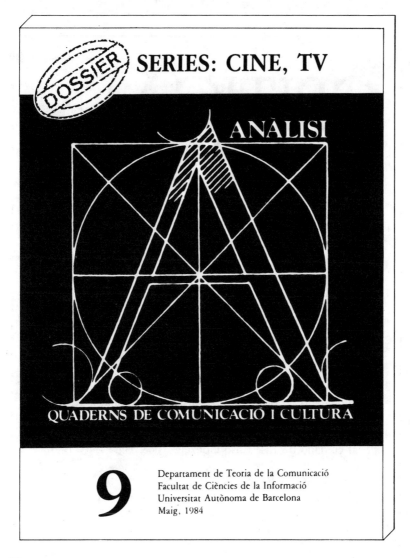

DOSSIER

SERIES: CINE, TV

ANÀLISI

QUADERNS DE COMUNICACIÓ I CULTURA

9

Departament de Teoria de la Comunicació
Facultat de Ciències de la Informació
Universitat Autònoma de Barcelona
Maig, 1984

ANÀLISI

Estudia críticamente los problemas generales de nuestra cultura con especial atención a los medios de comunicación de masas. Así toma como objeto propio, las cuestiones relacionadas con la formación de las ideologías, la producción social del sentido y, en general, los procesos que determinan la estructura de nuestra cotidianidad. Pretende impulsar un pensamiento crítico capaz de relacionar fructíferamente la comunicación social con la economía, el poder y la significación. Realiza un esfuerzo de convergencia interdisciplinar entre la semiótica, la sociología, la sicología, la estética, la ligüística, la antropología, la política, la filosofía, etc.

La revista se gesta en el Departamento de Teoría de la Comunicación de la Universidad Autónoma de Barcelona, e intenta ser plataforma de discusión abierta a las colaboraciones nacionales e internacionales.

Universidad Autónoma de Barcelona.
Servicio de Publicaciones e Intercambio.
Aptdo. de Correos, n.º 20. Bellaterra
(Barcelona). ESPAÑA.

CRÍTICA

grupo editorial grijalbo

Francisco Rico

HISTORIA Y CRÍTICA DE LA LITERATURA ESPAÑOLA

Para mayor información diríjanse a:
   EDITORIAL CRÍTICA, S.A.;   C/ Pedró de la Creu, 58;
   Barcelona-34, España

ANGLO-AMERICAN STUDIES

Criticism

Linguistics

Translation

Language Teaching

Bibliography

Annual (2 issues) Subscription: $20.00

Anglo-American Studies
Apartado 113
Salamanca (Spain)

Editorial correspondence, manuscripts for publication (MLA format) and books for review, should be addressed to either of the

EDITORS

Professor **Román Alvarez Rodríguez**
Facultad de Filología,
Universidad de Salamanca,
lamanca (SPAIN)

Professor Ramón López Ortega,
Facultad de Filosofía y Letras,
Universidad de Extremadura,
Cáceres (SPAIN)